Renate Sültz & Uwe H. Sültz

Die Auslagerungsdatei

Write it down

BoD - Books on Demand

Norderstedt 2018

Bibliografische Information durch die Deutsche Nationalbibliothek

Die Deutsche Nationalbibliothek verzeichnet diese Publikation in der Deutschen Nationalbibliografie; detaillierte bibliografische Daten sind im Internet über http://dnb.dnb.de abrufbar.

Herstellung und Verlag:

BoD – Books on Demand, Norderstedt

ISBN 9-78374-6-05576-3

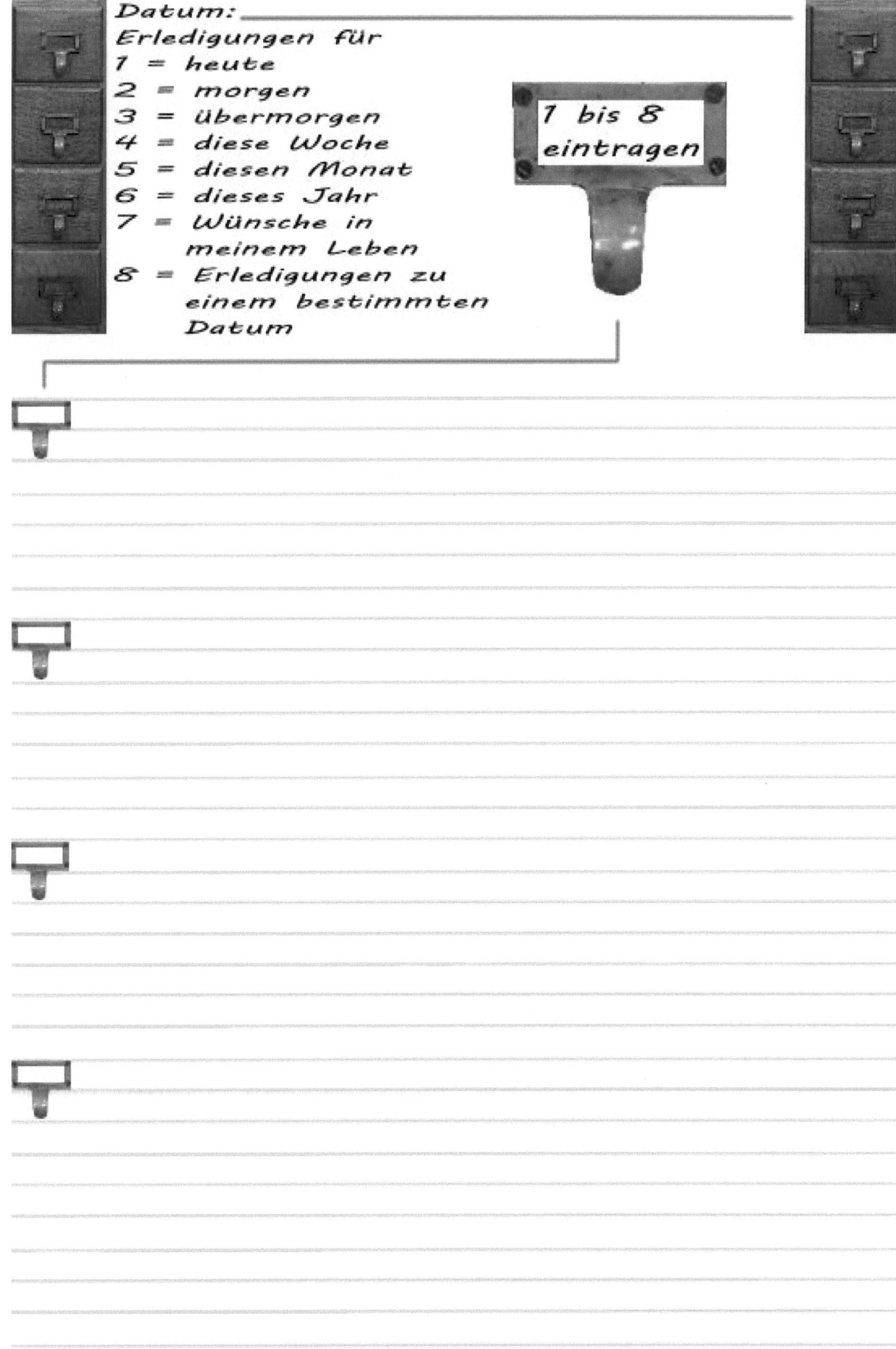

Datum: _____

Erledigungen für

1 = heute
2 = morgen
3 = übermorgen
4 = diese Woche
5 = diesen Monat
6 = dieses Jahr
7 = Wünsche in
    meinem Leben
8 = Erledigungen zu
    einem bestimmten
    Datum

1 bis 8
eintragen

Datum: _____

Erledigungen für

1 = heute
2 = morgen
3 = übermorgen
4 = diese Woche
5 = diesen Monat
6 = dieses Jahr
7 = Wünsche in
    meinem Leben
8 = Erledigungen zu
    einem bestimmten
    Datum

1 bis 8 eintragen

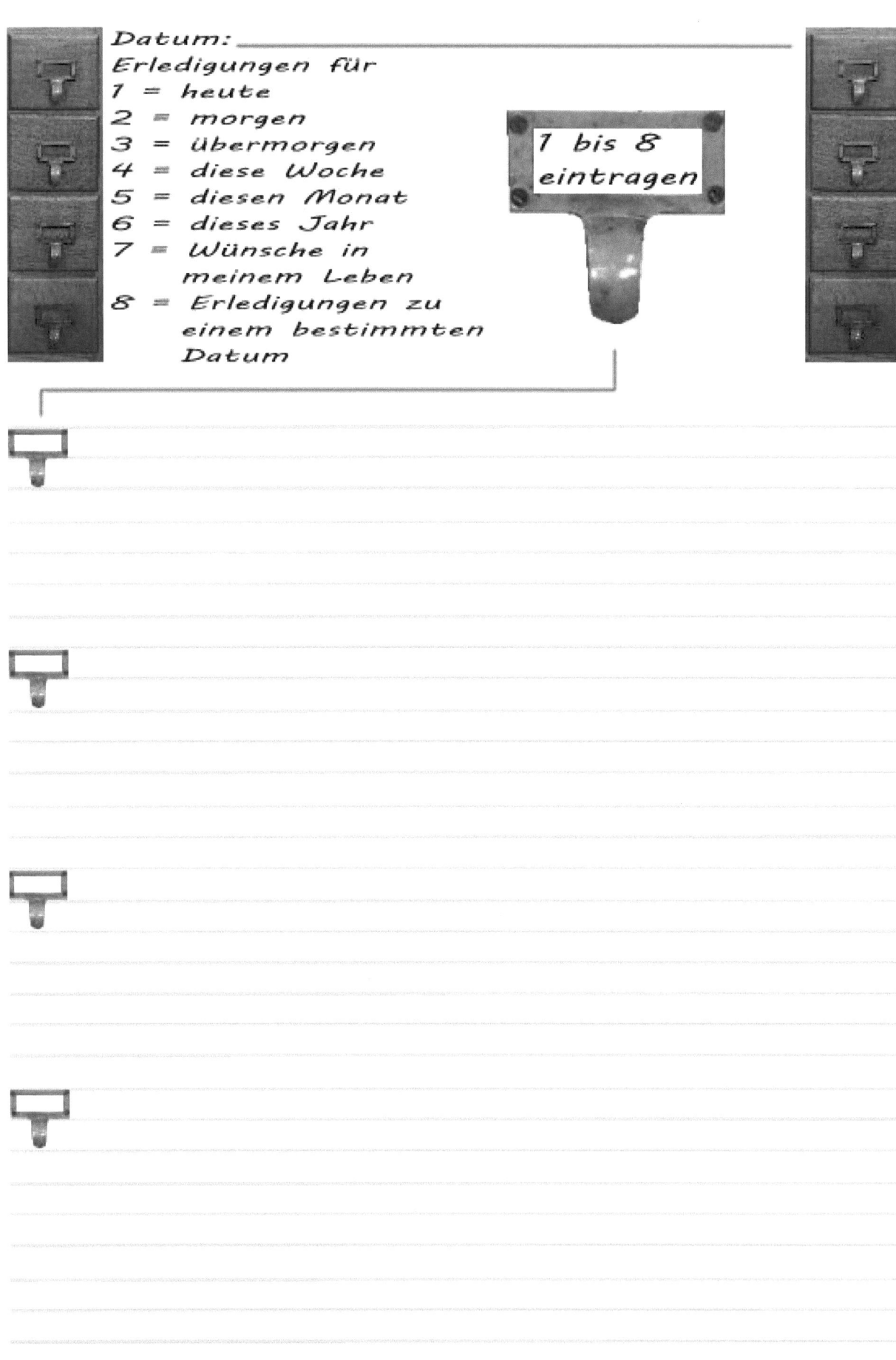

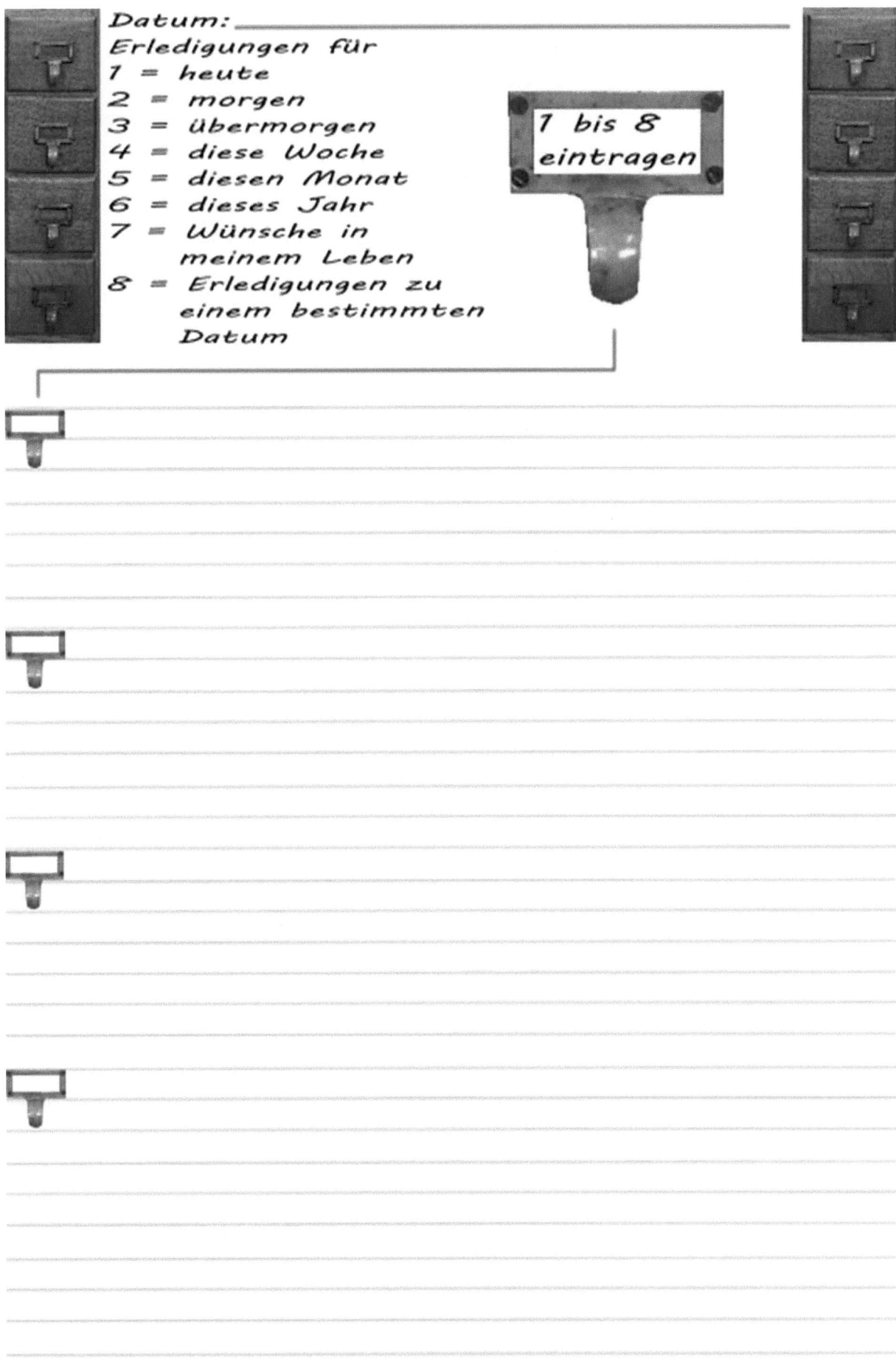

Datum: _____

Erledigungen für

1 = heute
2 = morgen
3 = übermorgen
4 = diese Woche
5 = diesen Monat
6 = dieses Jahr
7 = Wünsche in
    meinem Leben
8 = Erledigungen zu
    einem bestimmten
    Datum

1 bis 8
eintragen

Datum: _____

Erledigungen für

1 = heute
2 = morgen
3 = übermorgen
4 = diese Woche
5 = diesen Monat
6 = dieses Jahr
7 = Wünsche in
    meinem Leben
8 = Erledigungen zu
    einem bestimmten
    Datum

1 bis 8
eintragen

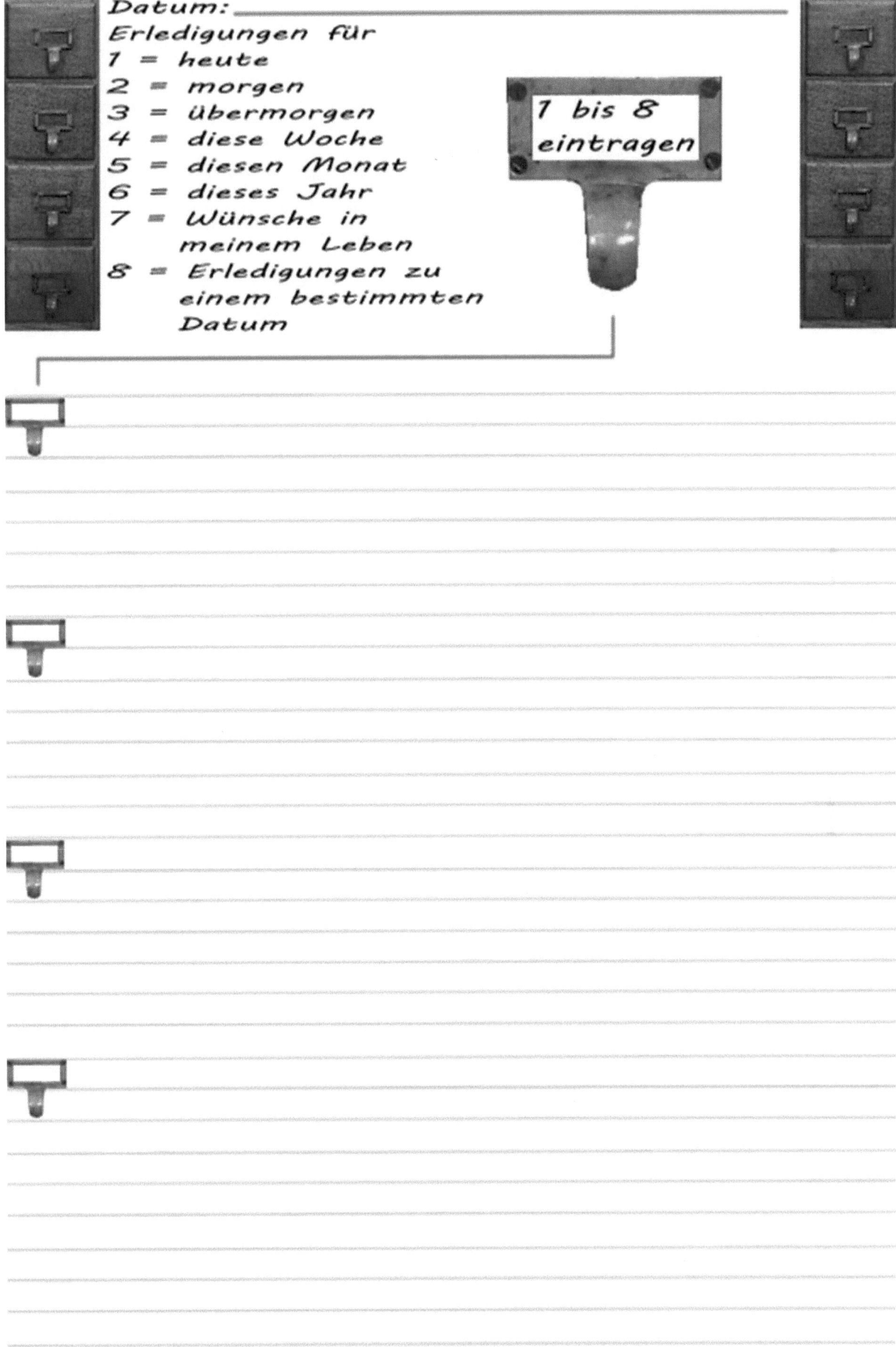

Datum: _____

Erledigungen für

1 = heute
2 = morgen
3 = übermorgen
4 = diese Woche
5 = diesen Monat
6 = dieses Jahr
7 = Wünsche in
    meinem Leben
8 = Erledigungen zu
    einem bestimmten
    Datum

7 bis 8
eintragen

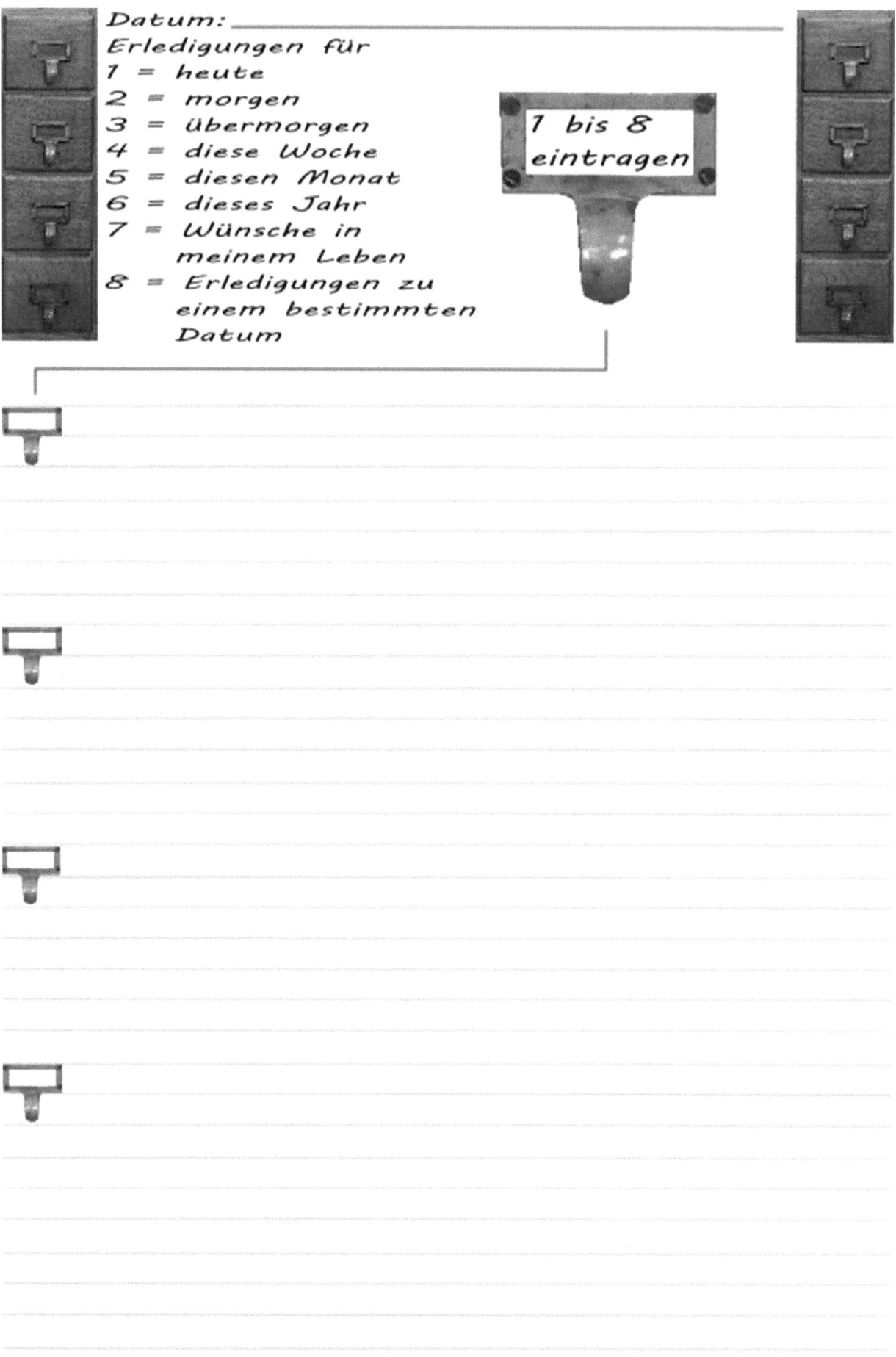

Datum: _____

Erledigungen für

1 = heute
2 = morgen
3 = übermorgen
4 = diese Woche
5 = diesen Monat
6 = dieses Jahr
7 = Wünsche in
    meinem Leben
8 = Erledigungen zu
    einem bestimmten
    Datum

1 bis 8
eintragen

Datum: _____

Erledigungen für

1 = heute
2 = morgen
3 = übermorgen
4 = diese Woche
5 = diesen Monat
6 = dieses Jahr
7 = Wünsche in
    meinem Leben
8 = Erledigungen zu
    einem bestimmten
    Datum

1 bis 8
eintragen

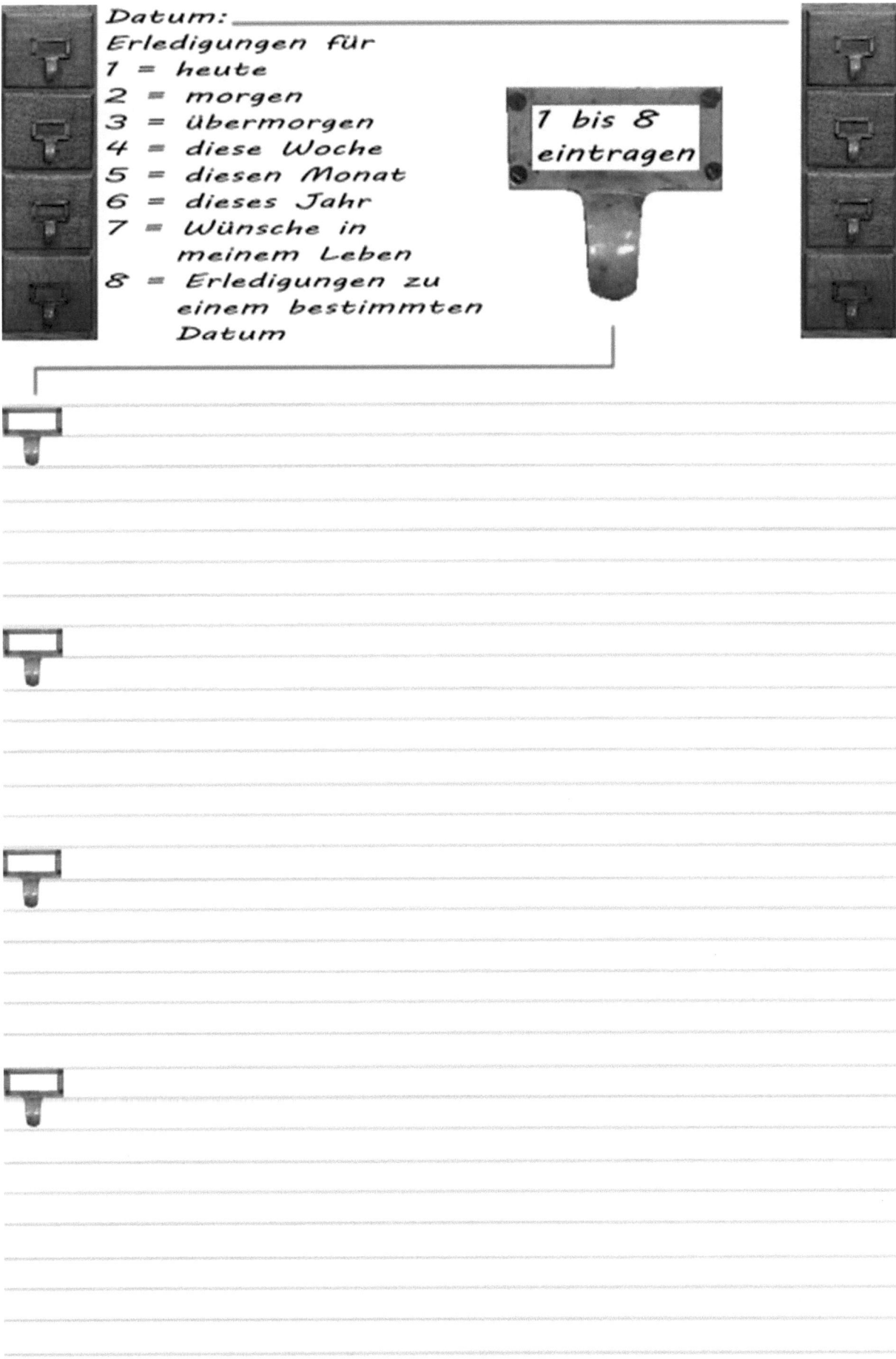

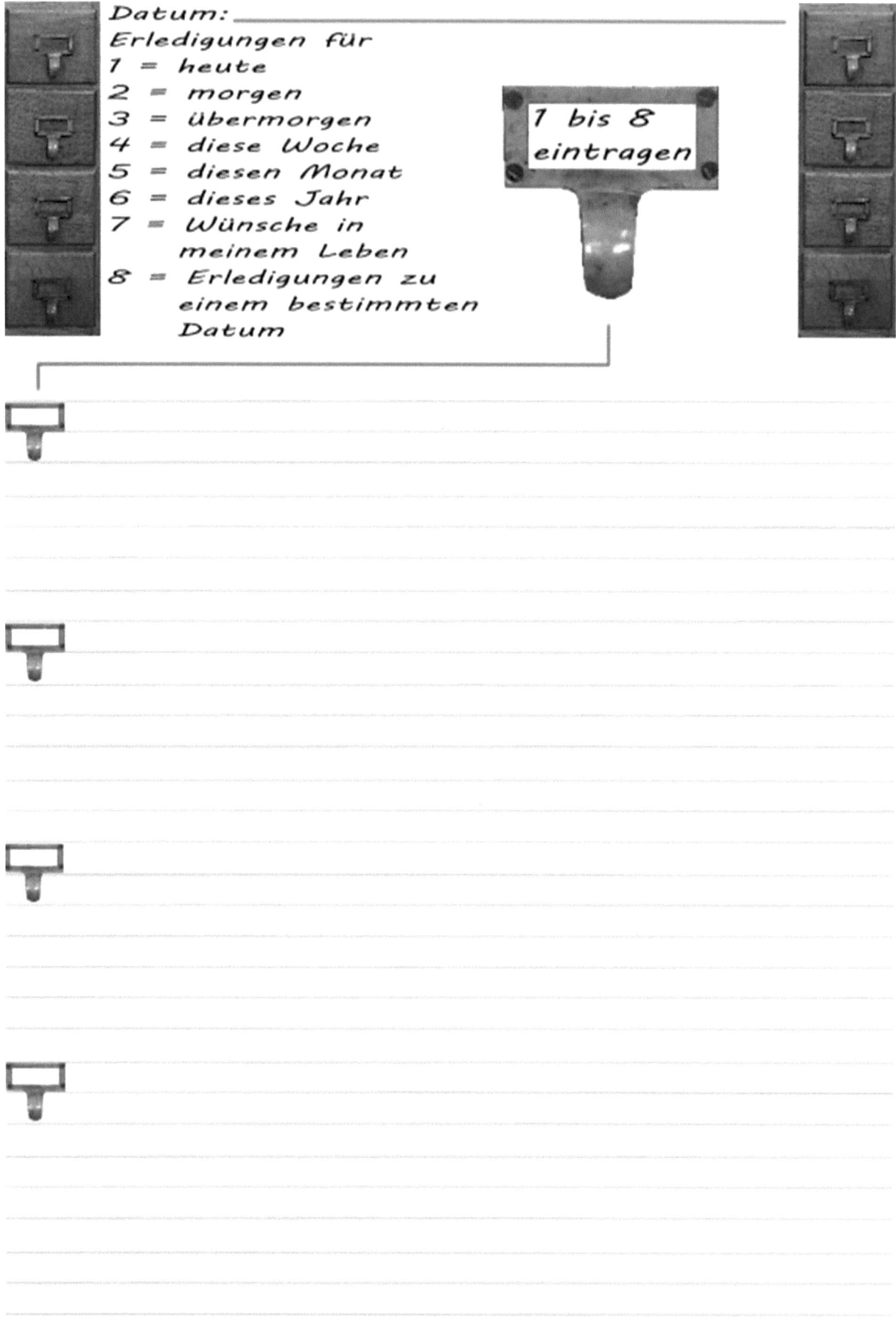

Datum: _____

Erledigungen für

1 = heute
2 = morgen
3 = übermorgen
4 = diese Woche
5 = diesen Monat
6 = dieses Jahr
7 = Wünsche in
    meinem Leben
8 = Erledigungen zu
    einem bestimmten
    Datum

1 bis 8
eintragen

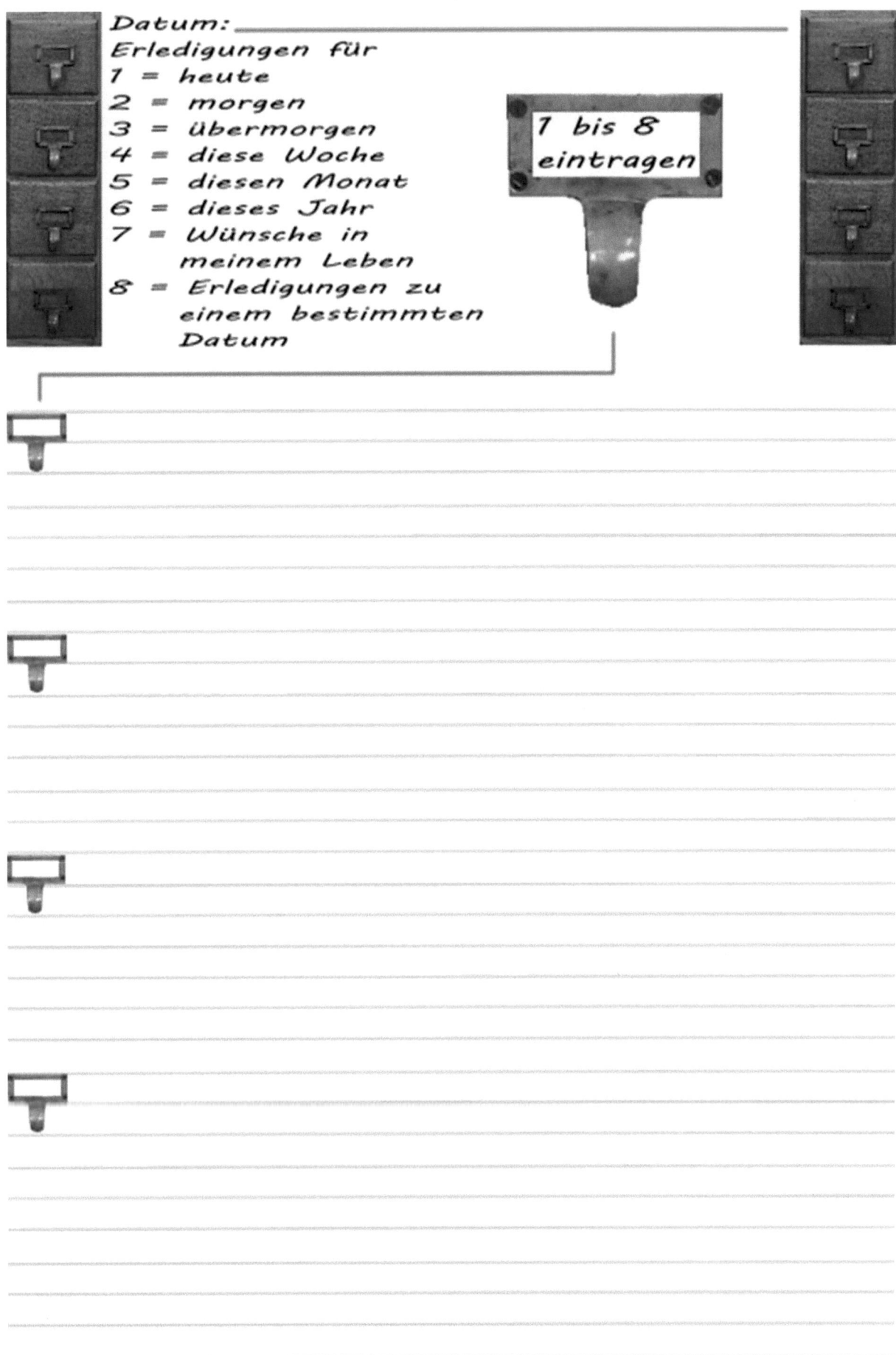

Datum: _____

Erledigungen für

1 = heute
2 = morgen
3 = übermorgen
4 = diese Woche
5 = diesen Monat
6 = dieses Jahr
7 = Wünsche in
    meinem Leben
8 = Erledigungen zu
    einem bestimmten
    Datum

7 bis 8
eintragen

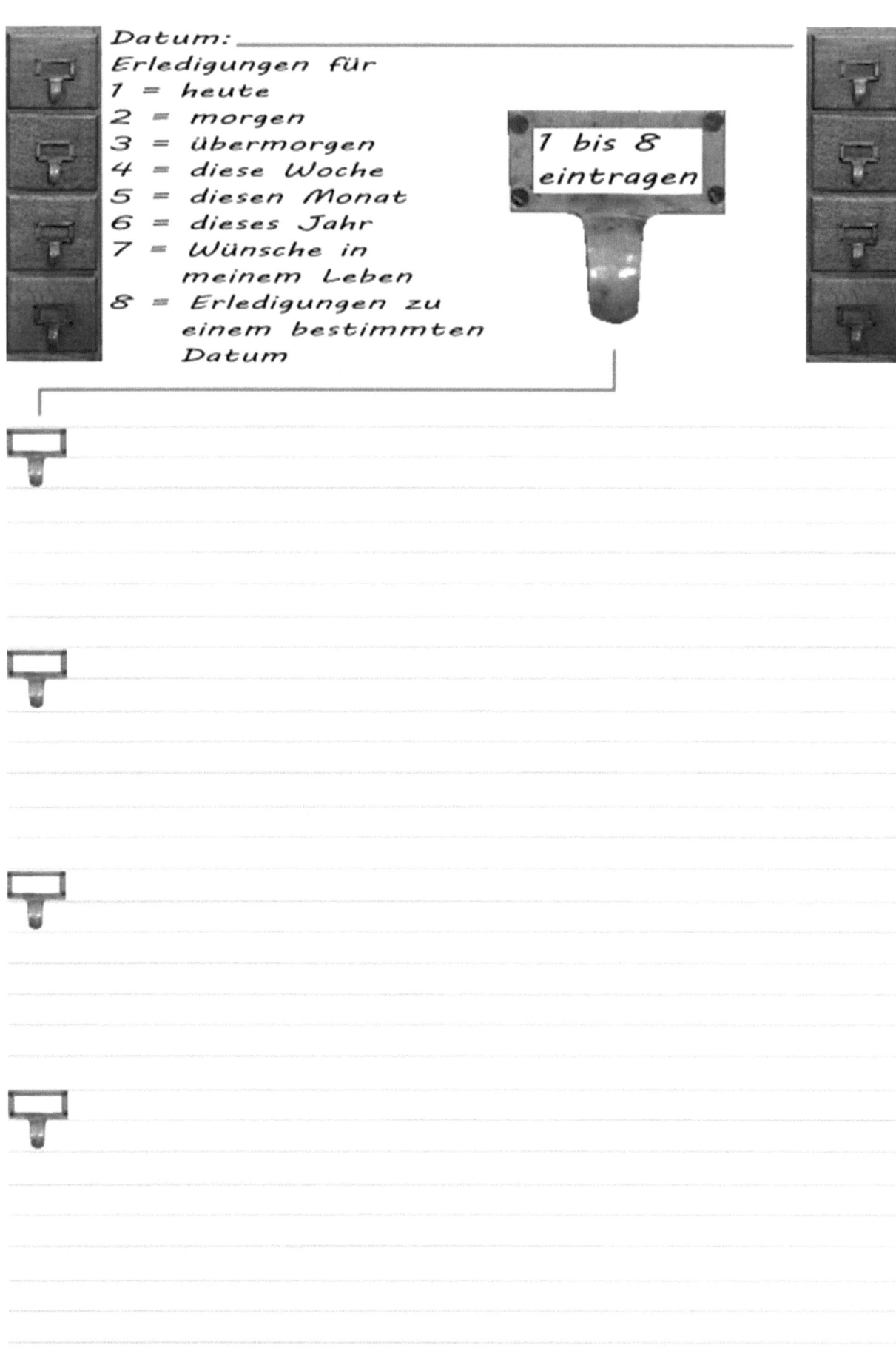

Datum: _____

Erledigungen für

1 = heute
2 = morgen
3 = übermorgen
4 = diese Woche
5 = diesen Monat
6 = dieses Jahr
7 = Wünsche in
    meinem Leben
8 = Erledigungen zu
    einem bestimmten
    Datum

1 bis 8
eintragen

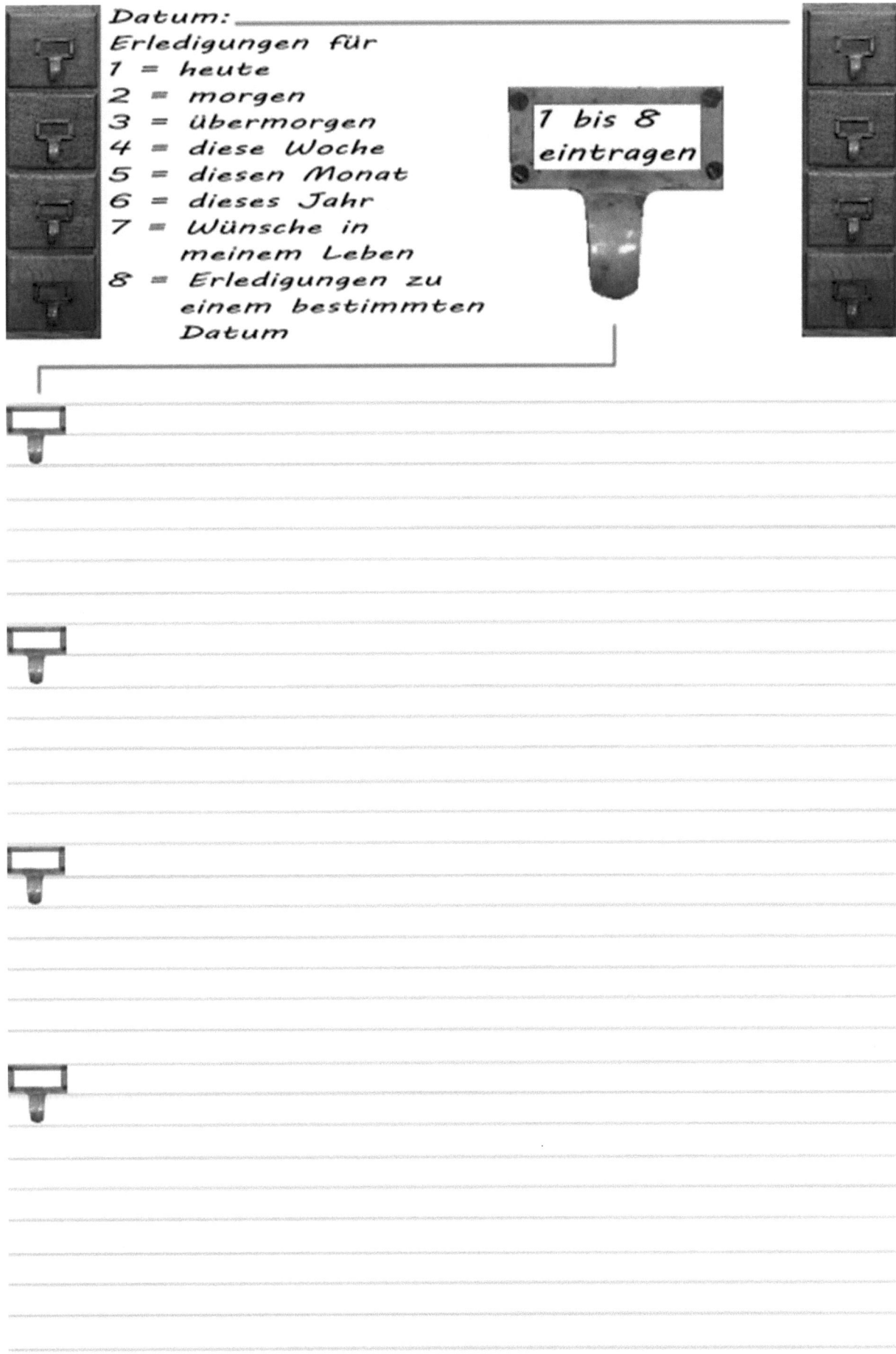

Datum: _____

Erledigungen für

1 = heute
2 = morgen
3 = übermorgen
4 = diese Woche
5 = diesen Monat
6 = dieses Jahr
7 = Wünsche in
    meinem Leben
8 = Erledigungen zu
    einem bestimmten
    Datum

1 bis 8
eintragen

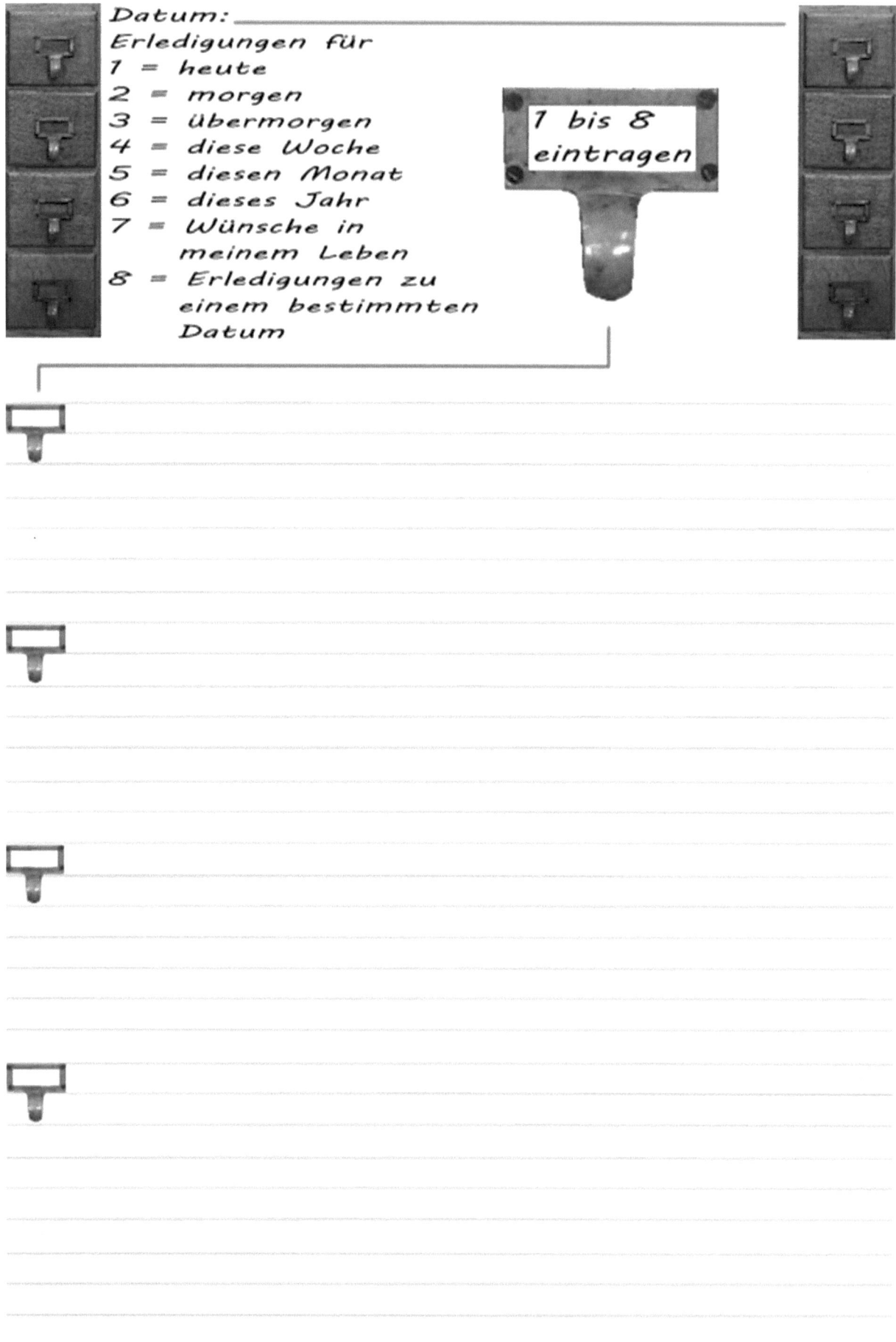

Datum: _____

Erledigungen für

1 = heute
2 = morgen
3 = übermorgen
4 = diese Woche
5 = diesen Monat
6 = dieses Jahr
7 = Wünsche in
    meinem Leben
8 = Erledigungen zu
    einem bestimmten
    Datum

1 bis 8
eintragen

Datum:_____

Erledigungen für
1 = heute
2 = morgen
3 = übermorgen
4 = diese Woche
5 = diesen Monat
6 = dieses Jahr
7 = Wünsche in
    meinem Leben
8 = Erledigungen zu
    einem bestimmten
    Datum

7 bis 8
eintragen

Datum: _____

Erledigungen für

1 = heute
2 = morgen
3 = übermorgen
4 = diese Woche
5 = diesen Monat
6 = dieses Jahr
7 = Wünsche in
      meinem Leben
8 = Erledigungen zu
      einem bestimmten
      Datum

1 bis 8
eintragen

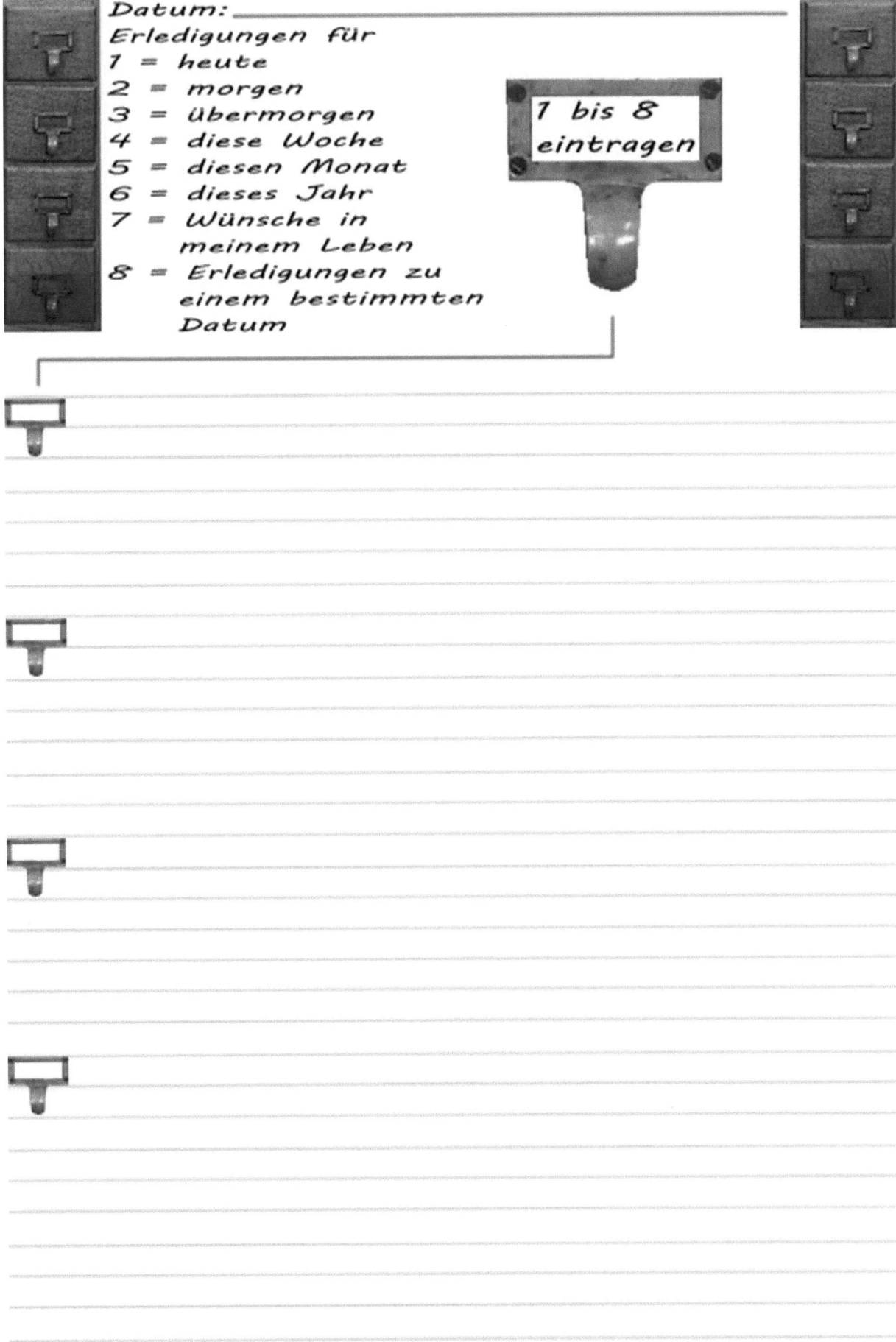

Datum: _____

Erledigungen für

1 = heute
2 = morgen
3 = übermorgen
4 = diese Woche
5 = diesen Monat
6 = dieses Jahr
7 = Wünsche in
    meinem Leben
8 = Erledigungen zu
    einem bestimmten
    Datum

1 bis 8
eintragen

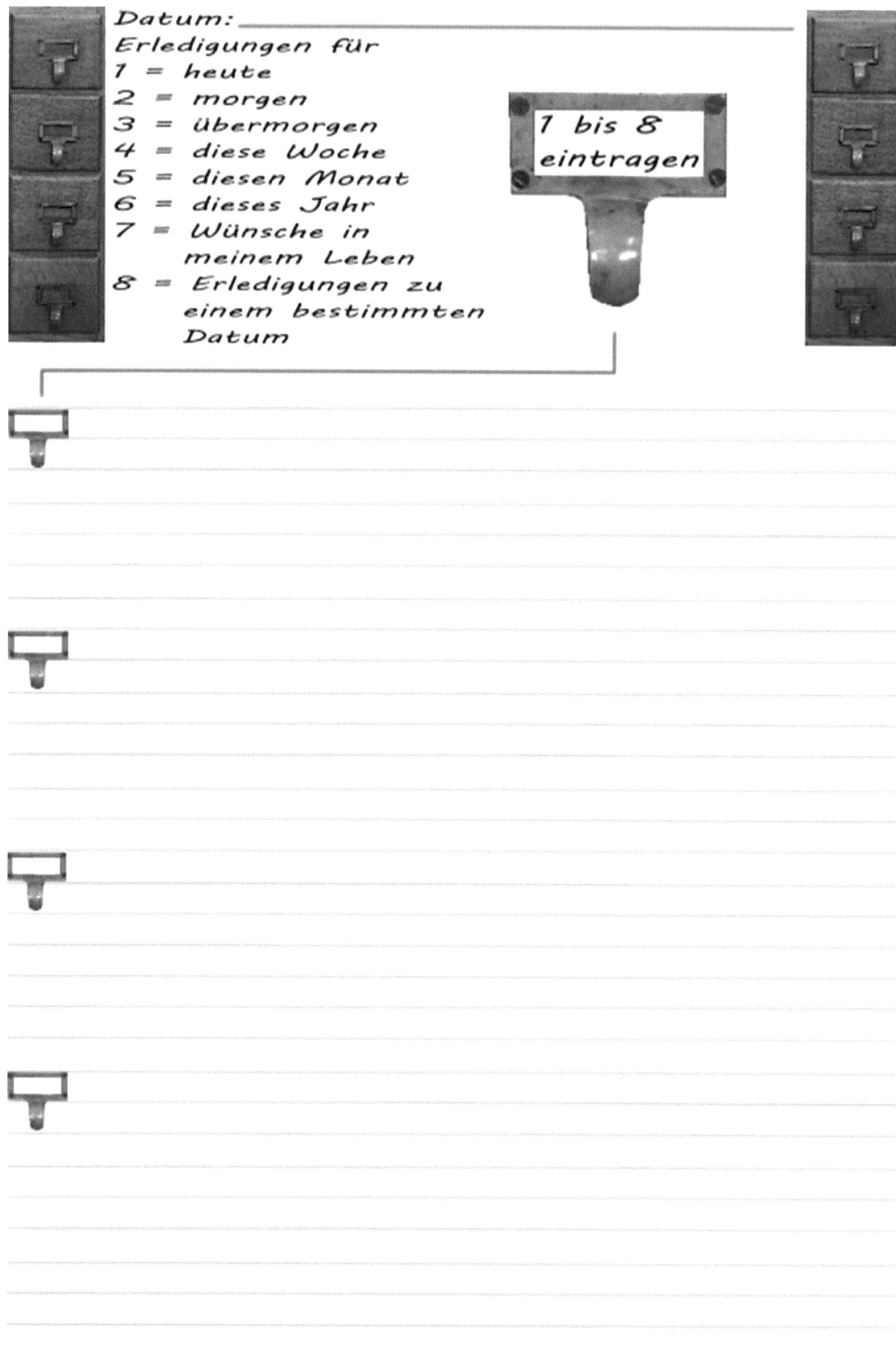

Datum: _____

Erledigungen für

1 = heute
2 = morgen
3 = übermorgen
4 = diese Woche
5 = diesen Monat
6 = dieses Jahr
7 = Wünsche in
  meinem Leben
8 = Erledigungen zu
  einem bestimmten
  Datum

1 bis 8
eintragen

Datum: _____

Erledigungen für
1 = heute
2 = morgen
3 = übermorgen
4 = diese Woche
5 = diesen Monat
6 = dieses Jahr
7 = Wünsche in
    meinem Leben
8 = Erledigungen zu
    einem bestimmten
    Datum

7 bis 8
eintragen

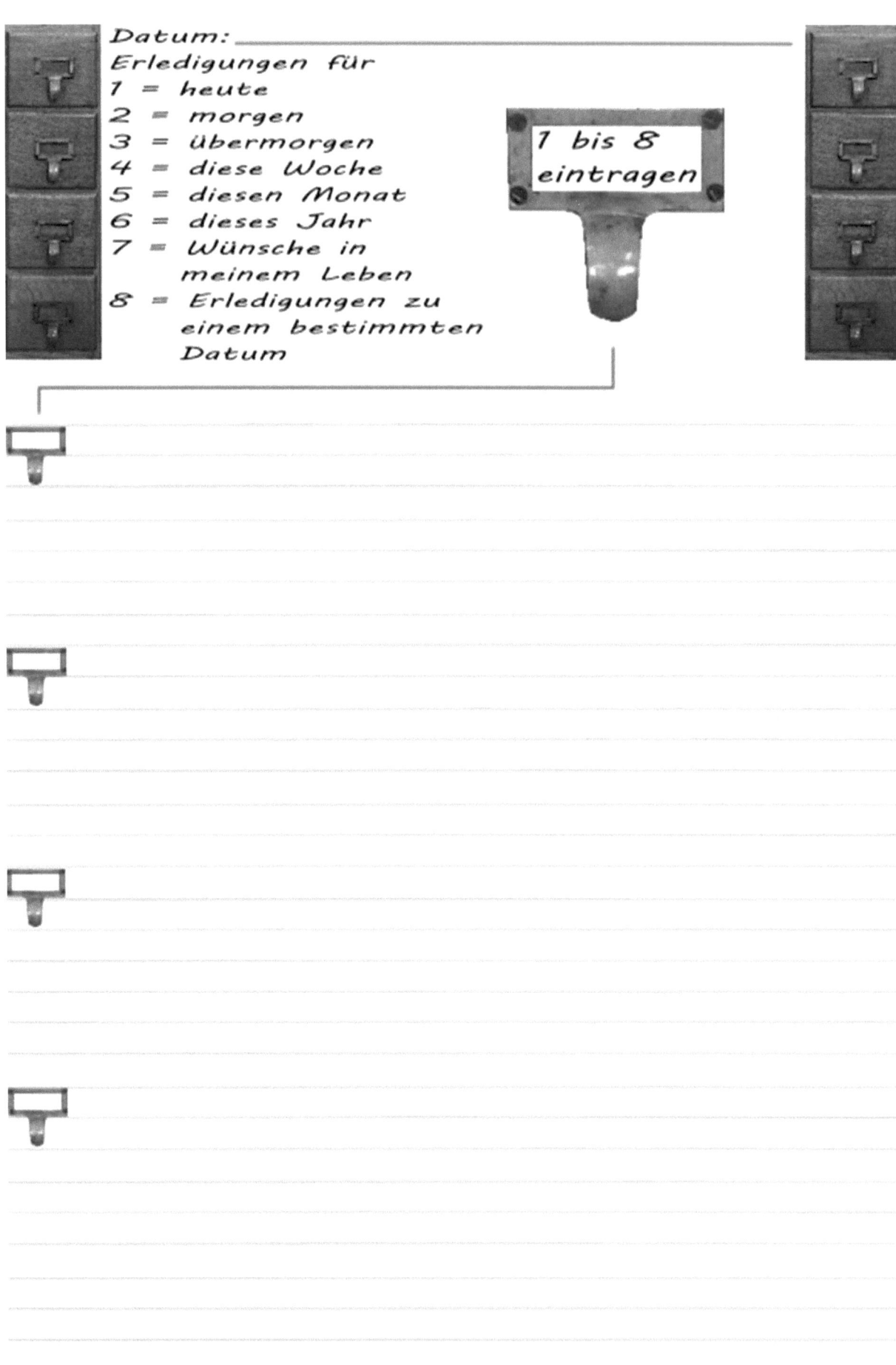

Datum: _____

Erledigungen für

1 = heute
2 = morgen
3 = übermorgen
4 = diese Woche
5 = diesen Monat
6 = dieses Jahr
7 = Wünsche in
    meinem Leben
8 = Erledigungen zu
    einem bestimmten
    Datum

1 bis 8
eintragen

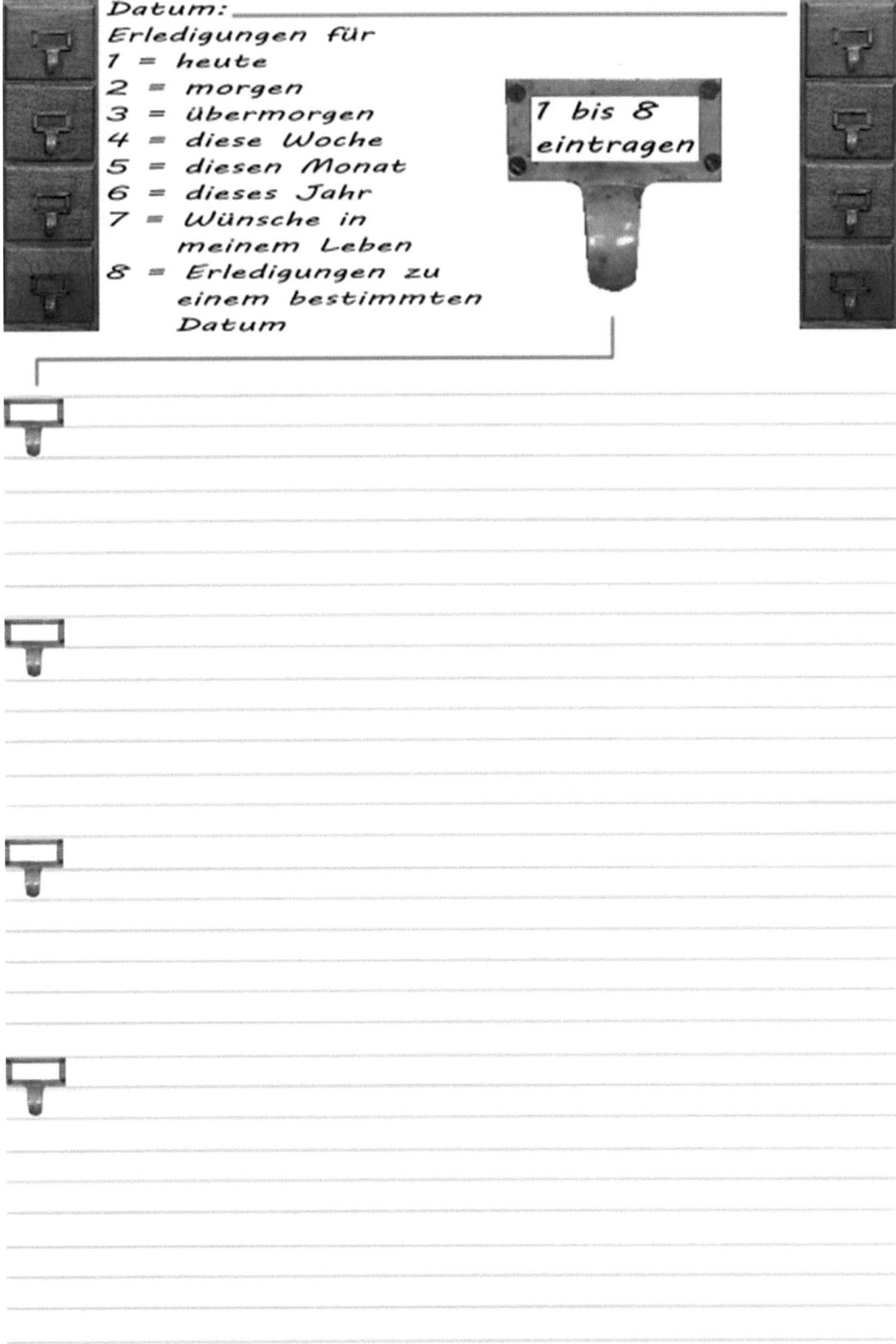

Datum: _____

Erledigungen für

1 = heute
2 = morgen
3 = übermorgen
4 = diese Woche
5 = diesen Monat
6 = dieses Jahr
7 = Wünsche in
    meinem Leben
8 = Erledigungen zu
    einem bestimmten
    Datum

1 bis 8
eintragen

Datum:_____

Erledigungen für

1 = heute
2 = morgen
3 = übermorgen
4 = diese Woche
5 = diesen Monat
6 = dieses Jahr
7 = Wünsche in
    meinem Leben
8 = Erledigungen zu
    einem bestimmten
    Datum

1 bis 8
eintragen

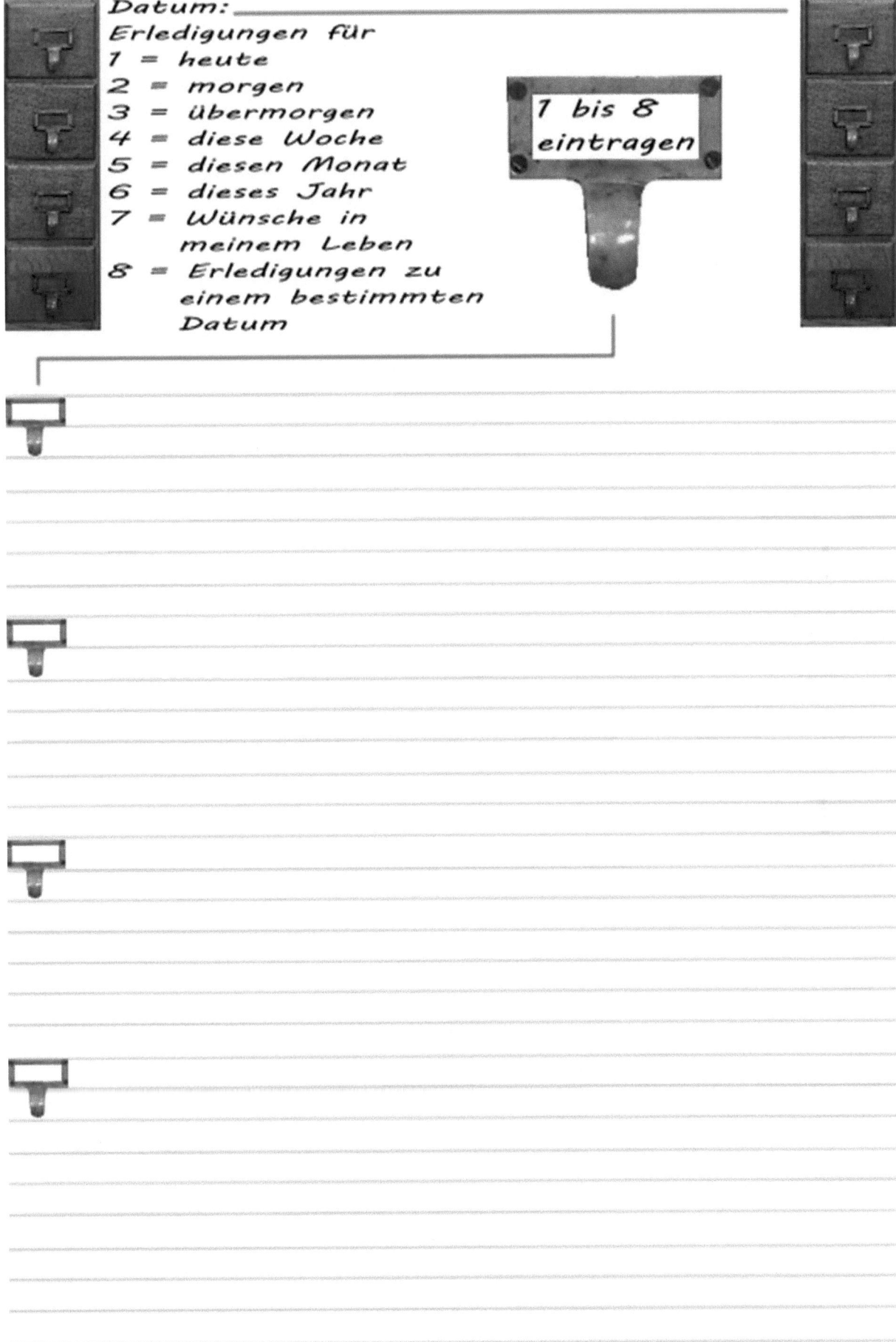

Datum: _____

Erledigungen für

1 = heute
2 = morgen
3 = übermorgen
4 = diese Woche
5 = diesen Monat
6 = dieses Jahr
7 = Wünsche in
    meinem Leben
8 = Erledigungen zu
    einem bestimmten
    Datum

1 bis 8
eintragen

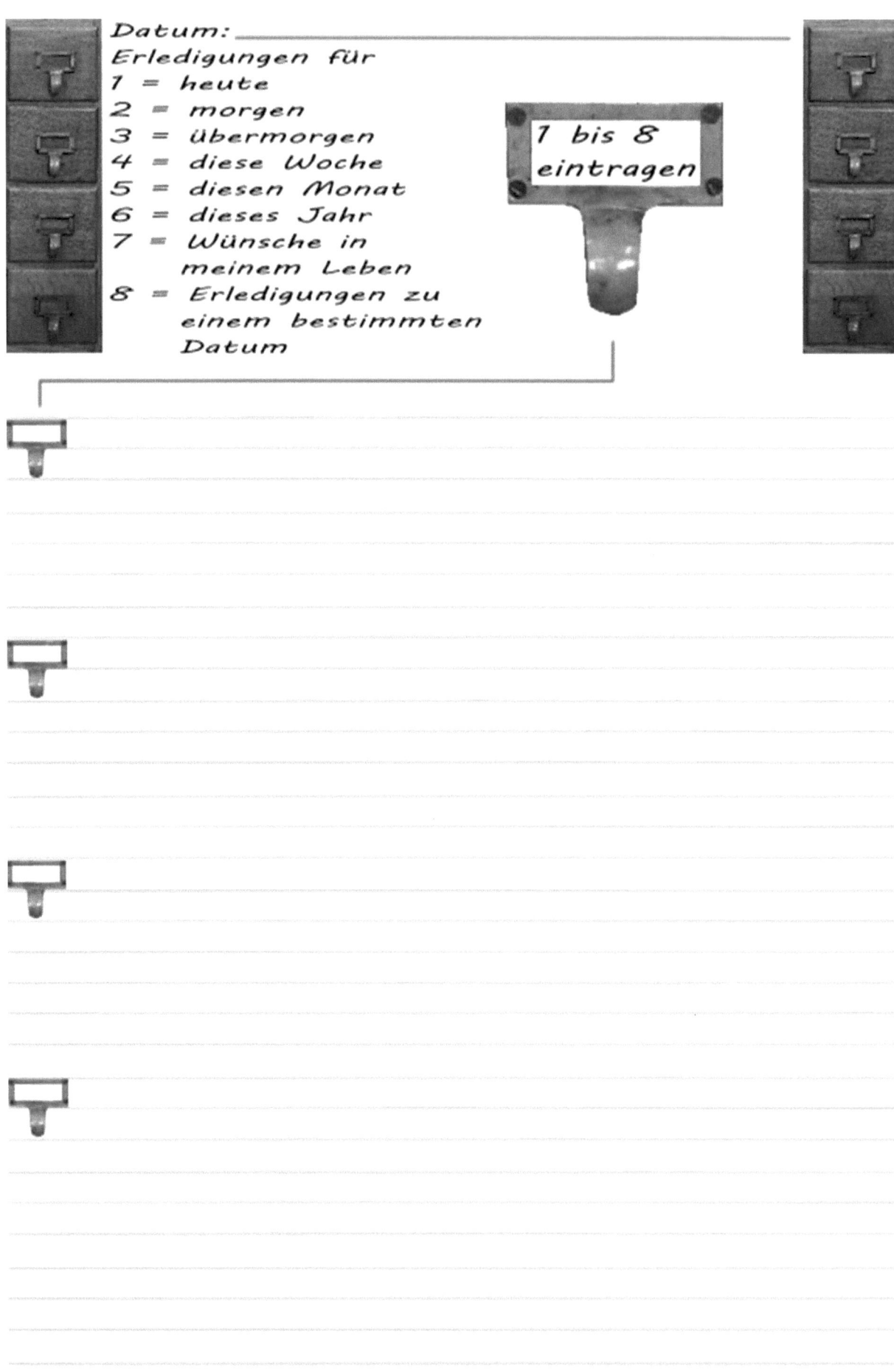

Datum: _____

Erledigungen für

1 = heute
2 = morgen
3 = übermorgen
4 = diese Woche
5 = diesen Monat
6 = dieses Jahr
7 = Wünsche in
    meinem Leben
8 = Erledigungen zu
    einem bestimmten
    Datum

1 bis 8
eintragen

Datum: _____

Erledigungen für

1 = heute
2 = morgen
3 = übermorgen
4 = diese Woche
5 = diesen Monat
6 = dieses Jahr
7 = Wünsche in
    meinem Leben
8 = Erledigungen zu
    einem bestimmten
    Datum

1 bis 8 eintragen

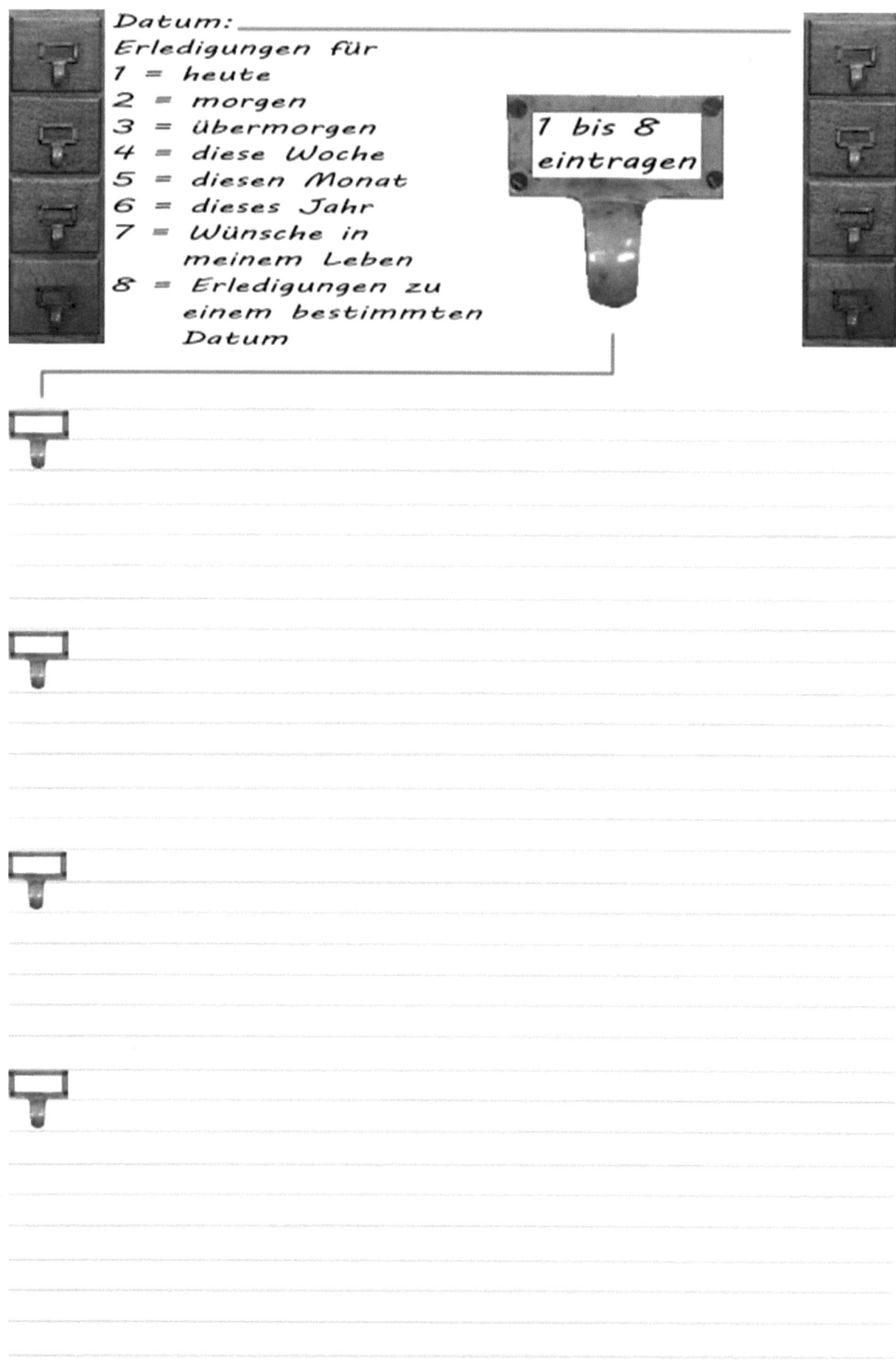

Datum:_____

Erledigungen für

1 = heute
2 = morgen
3 = übermorgen
4 = diese Woche
5 = diesen Monat
6 = dieses Jahr
7 = Wünsche in
    meinem Leben
8 = Erledigungen zu
    einem bestimmten
    Datum

1 bis 8
eintragen

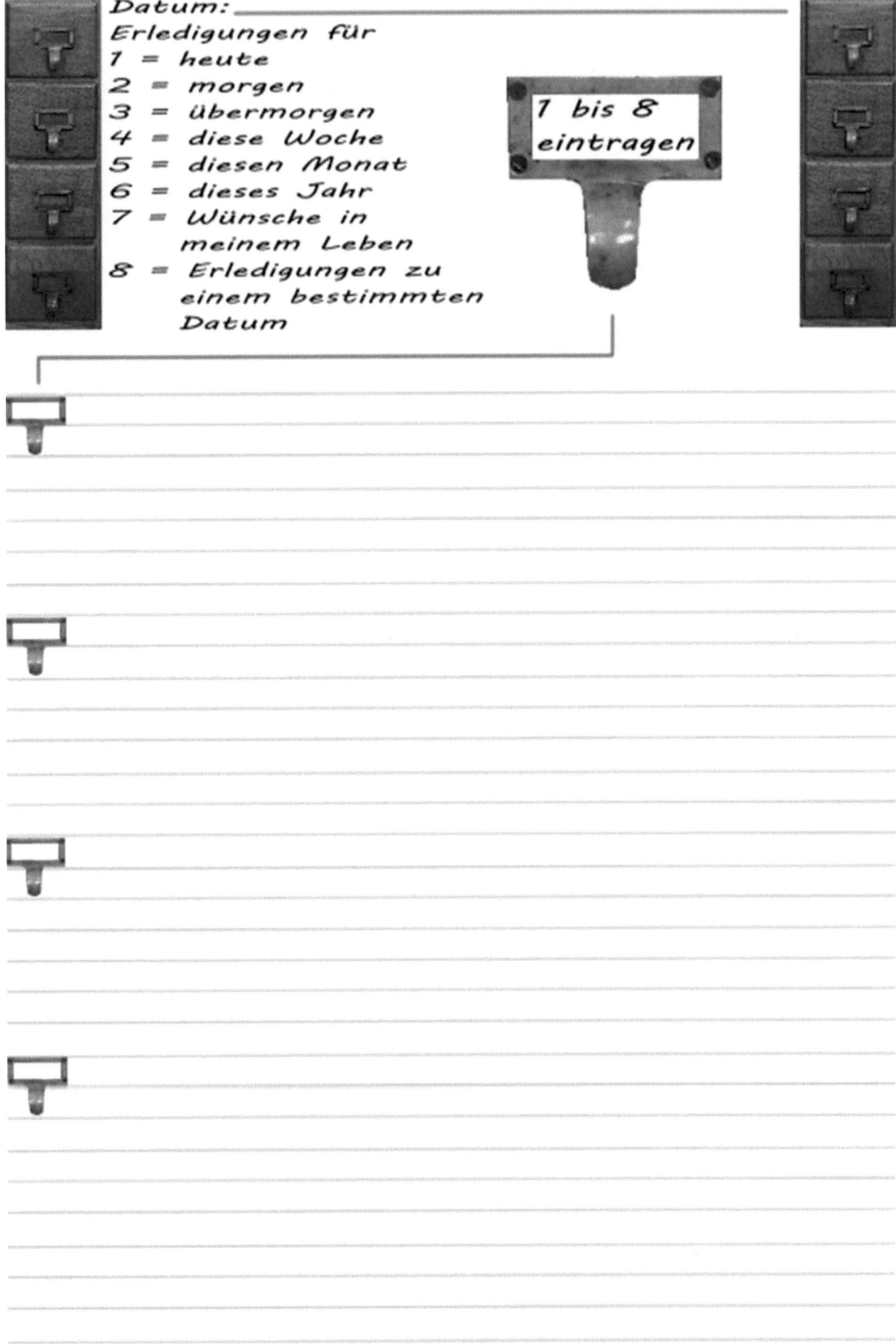

Datum:_____

Erledigungen für

1 = heute
2 = morgen
3 = übermorgen
4 = diese Woche
5 = diesen Monat
6 = dieses Jahr
7 = Wünsche in
    meinem Leben
8 = Erledigungen zu
    einem bestimmten
    Datum

1 bis 8
eintragen

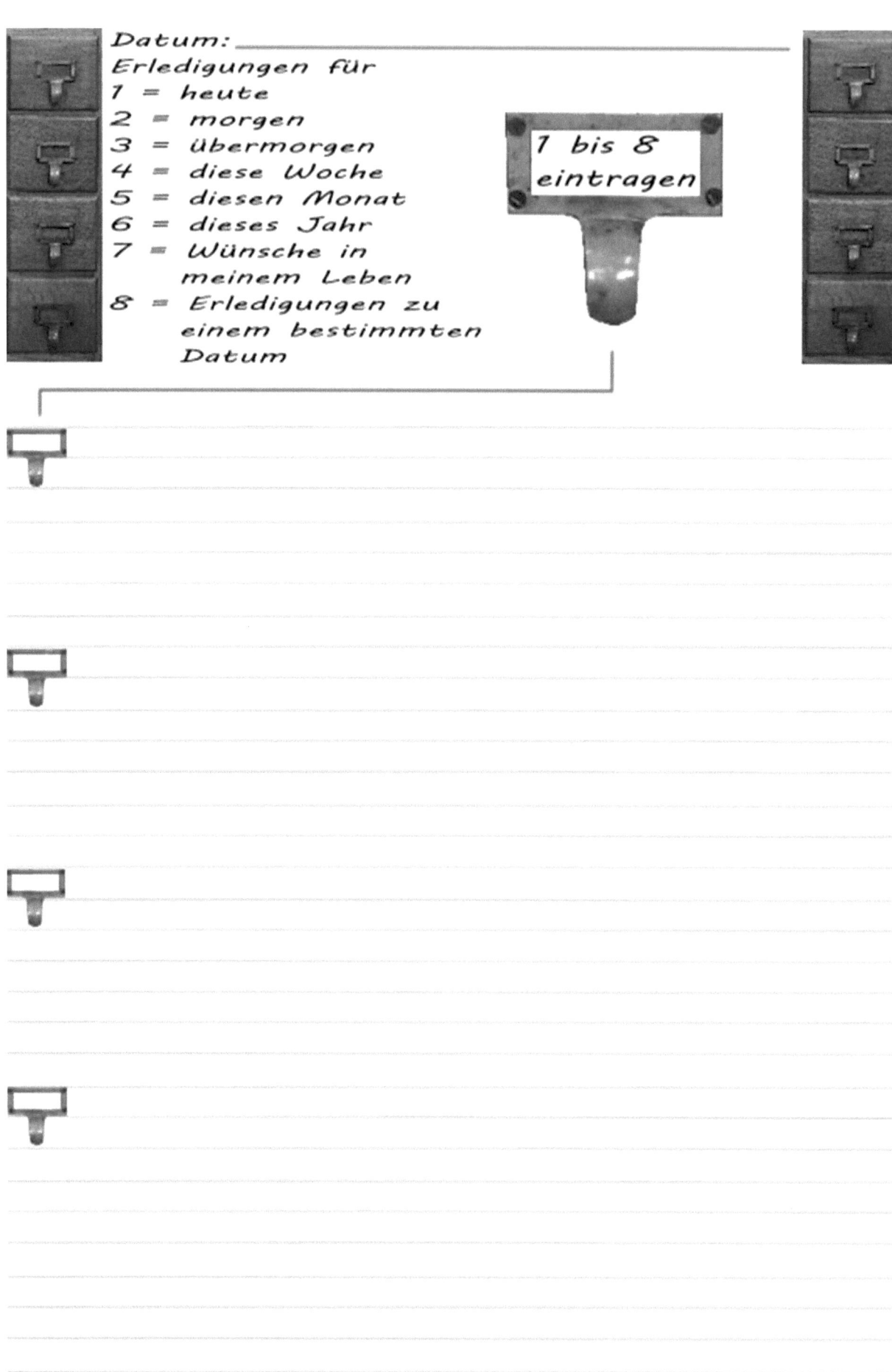

Datum:_____

Erledigungen für

1 = heute
2 = morgen
3 = übermorgen
4 = diese Woche
5 = diesen Monat
6 = dieses Jahr
7 = Wünsche in
    meinem Leben
8 = Erledigungen zu
    einem bestimmten
    Datum

1 bis 8
eintragen

Datum: _____

Erledigungen für

1 = heute
2 = morgen
3 = übermorgen
4 = diese Woche
5 = diesen Monat
6 = dieses Jahr
7 = Wünsche in
    meinem Leben
8 = Erledigungen zu
    einem bestimmten
    Datum

1 bis 8
eintragen

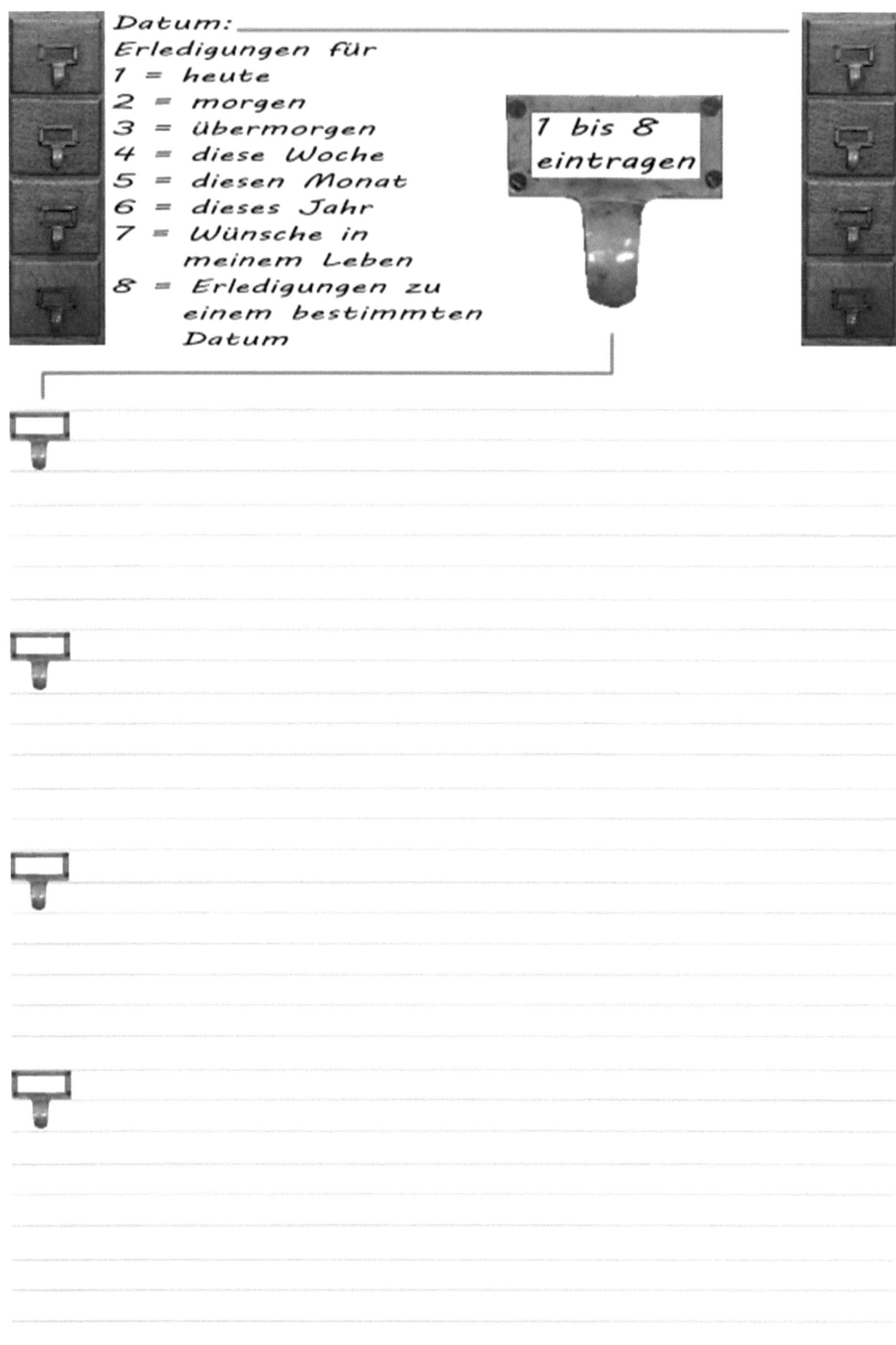

Datum:_____

Erledigungen für

1 = heute
2 = morgen
3 = übermorgen
4 = diese Woche
5 = diesen Monat
6 = dieses Jahr
7 = Wünsche in
    meinem Leben
8 = Erledigungen zu
    einem bestimmten
    Datum

1 bis 8
eintragen

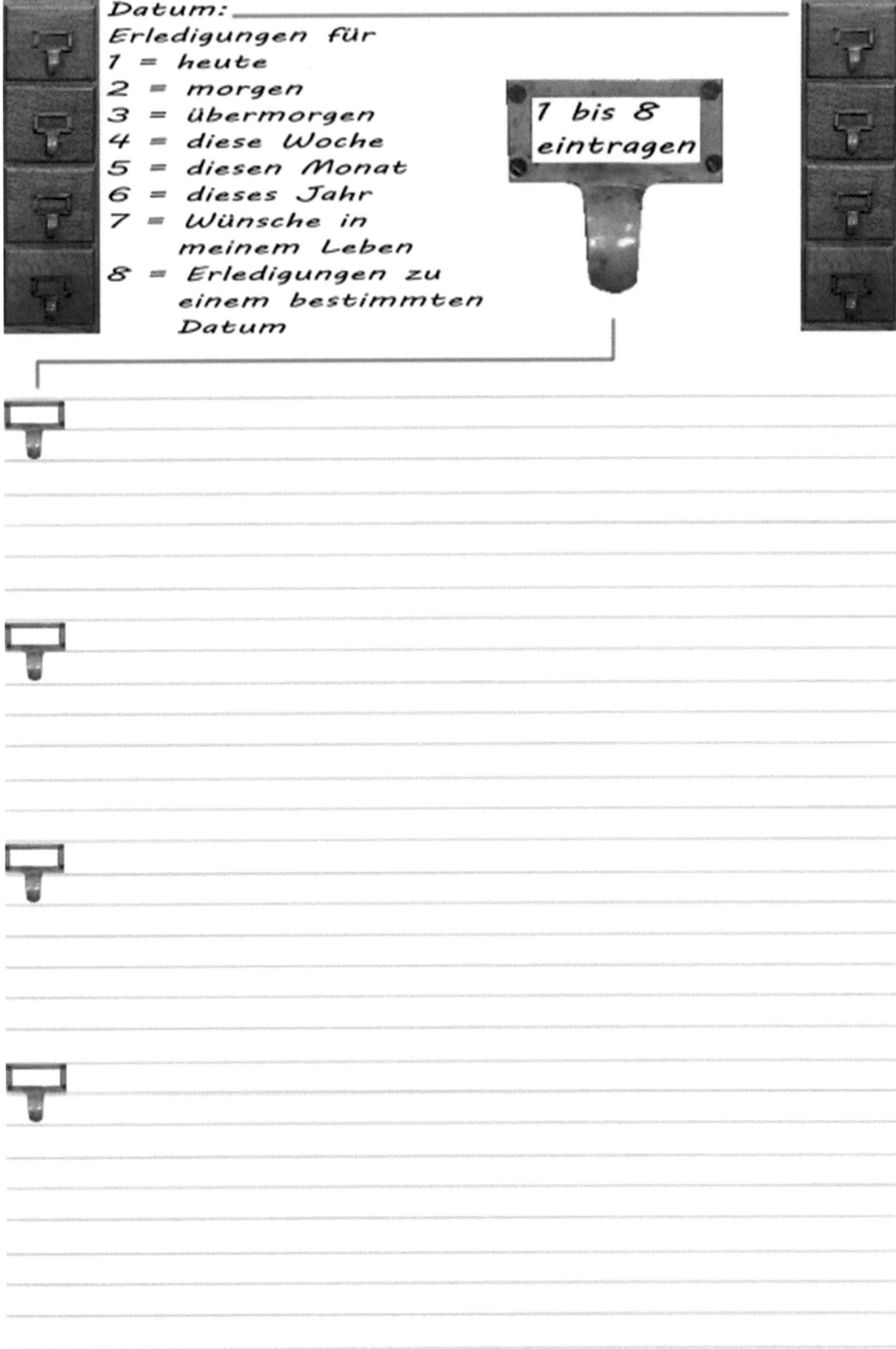

Datum:_____

Erledigungen für

1 = heute
2 = morgen
3 = übermorgen
4 = diese Woche
5 = diesen Monat
6 = dieses Jahr
7 = Wünsche in
meinem Leben
8 = Erledigungen zu
einem bestimmten
Datum

1 bis 8
eintragen

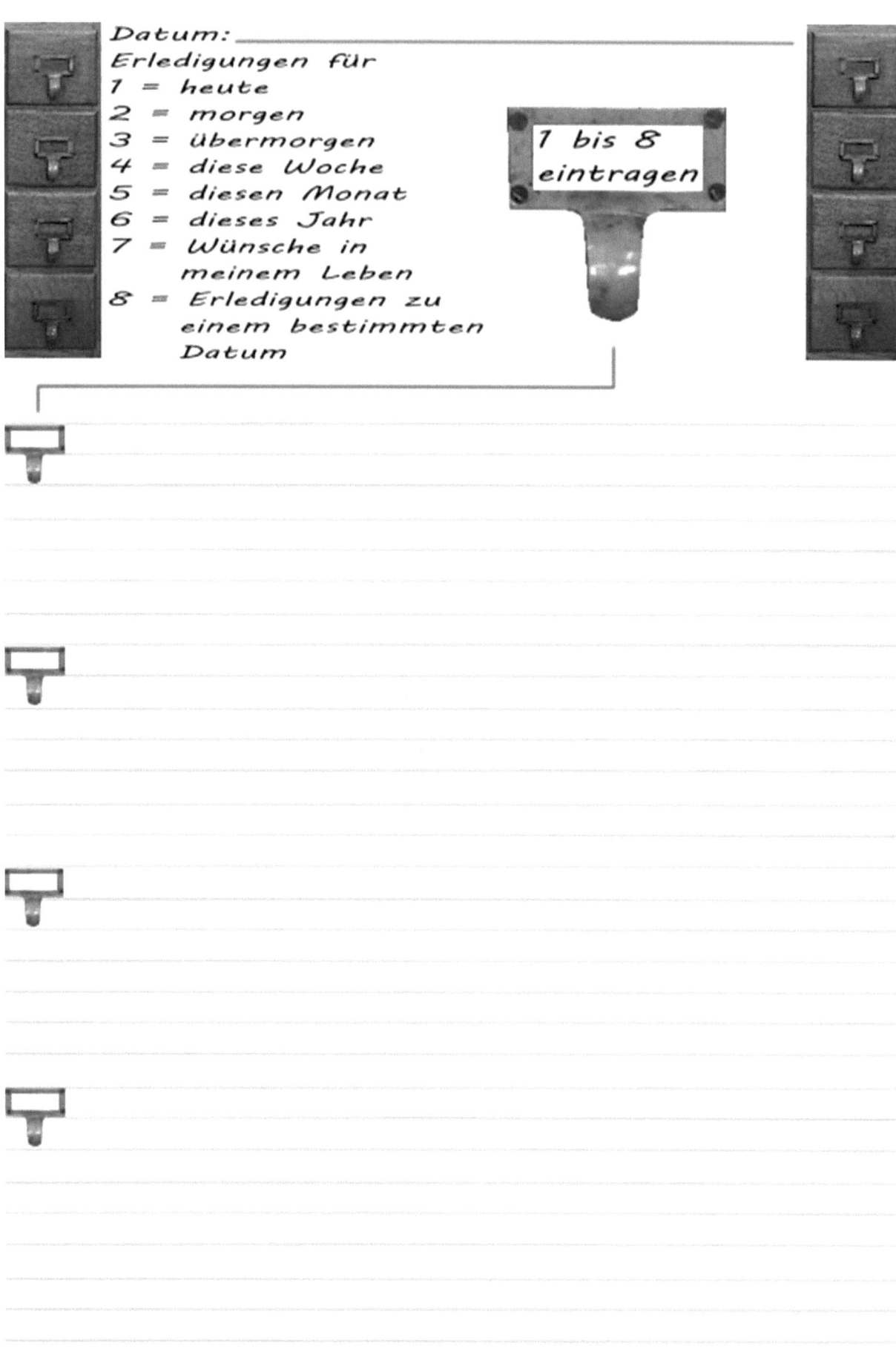

Datum: _____

Erledigungen für

1 = heute
2 = morgen
3 = übermorgen
4 = diese Woche
5 = diesen Monat
6 = dieses Jahr
7 = Wünsche in
    meinem Leben
8 = Erledigungen zu
    einem bestimmten
    Datum

1 bis 8
eintragen

Datum:_____

Erledigungen für

1 = heute
2 = morgen
3 = übermorgen
4 = diese Woche
5 = diesen Monat
6 = dieses Jahr
7 = Wünsche in
    meinem Leben
8 = Erledigungen zu
    einem bestimmten
    Datum

1 bis 8
eintragen

Datum:_____

Erledigungen für

1 = heute
2 = morgen
3 = übermorgen
4 = diese Woche
5 = diesen Monat
6 = dieses Jahr
7 = Wünsche in
    meinem Leben
8 = Erledigungen zu
    einem bestimmten
    Datum

7 bis 8
eintragen

Datum: _____

Erledigungen für

1 = heute
2 = morgen
3 = übermorgen
4 = diese Woche
5 = diesen Monat
6 = dieses Jahr
7 = Wünsche in
      meinem Leben
8 = Erledigungen zu
      einem bestimmten
      Datum

1 bis 8
eintragen

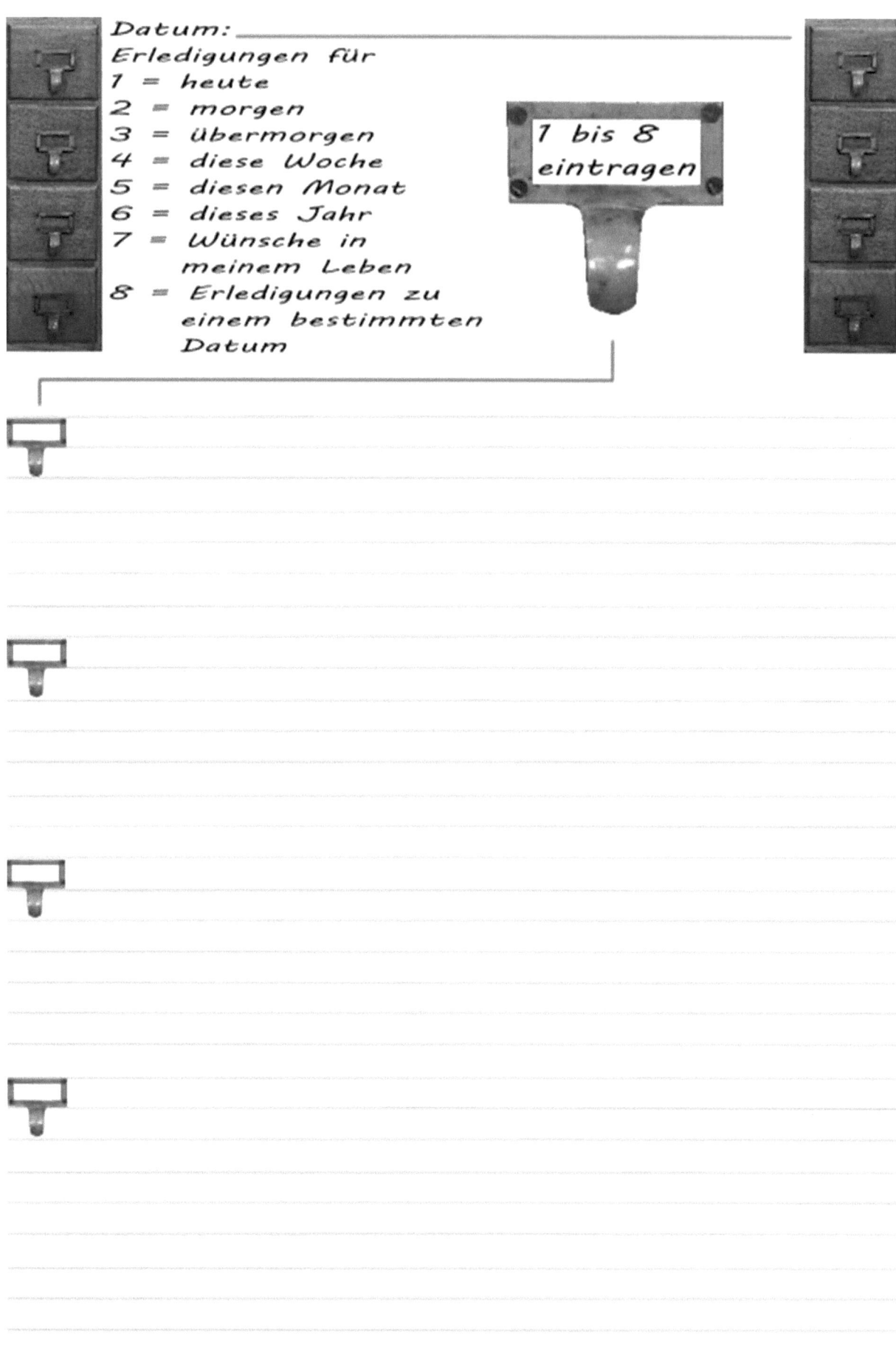

Datum:_____

Erledigungen für

1 = heute
2 = morgen
3 = übermorgen
4 = diese Woche
5 = diesen Monat
6 = dieses Jahr
7 = Wünsche in
    meinem Leben
8 = Erledigungen zu
    einem bestimmten
    Datum

1 bis 8
eintragen

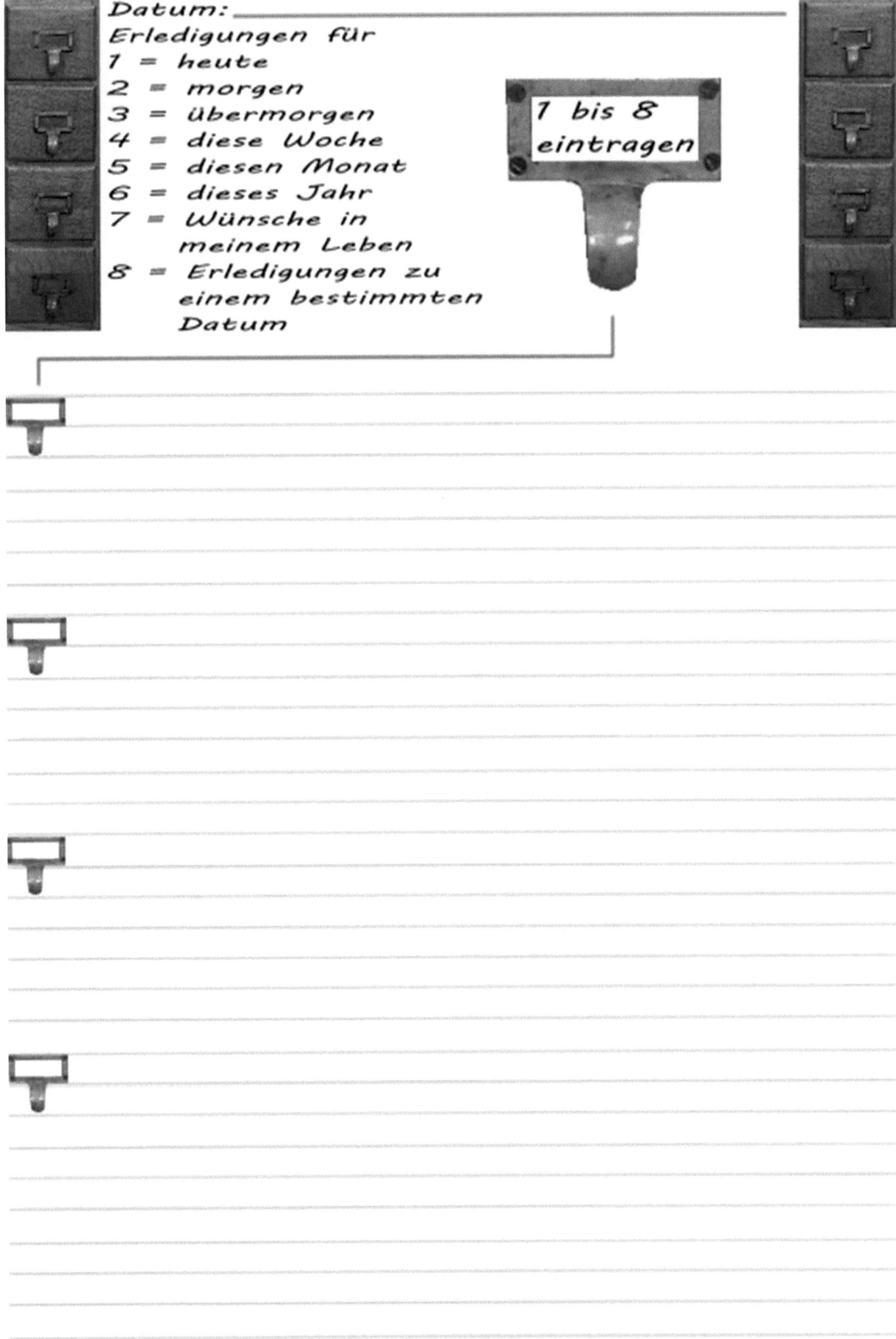

Datum: _____

Erledigungen für

1 = heute
2 = morgen
3 = übermorgen
4 = diese Woche
5 = diesen Monat
6 = dieses Jahr
7 = Wünsche in meinem Leben
8 = Erledigungen zu einem bestimmten Datum

1 bis 8 eintragen

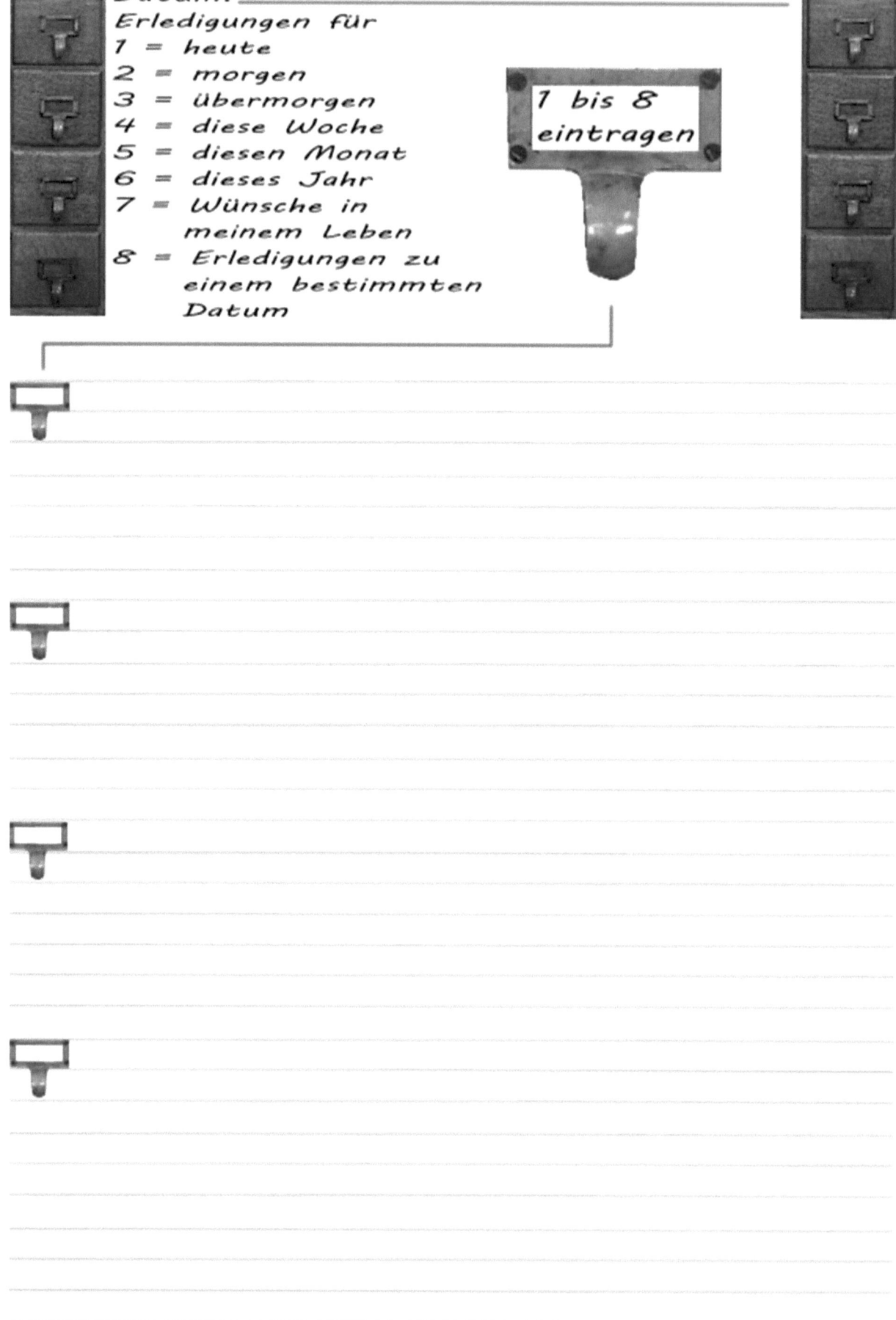

Datum: _____

Erledigungen für

1 = heute
2 = morgen
3 = übermorgen
4 = diese Woche
5 = diesen Monat
6 = dieses Jahr
7 = Wünsche in
     meinem Leben
8 = Erledigungen zu
     einem bestimmten
     Datum

1 bis 8
eintragen

Datum: _____

Erledigungen für

1 = heute
2 = morgen
3 = übermorgen
4 = diese Woche
5 = diesen Monat
6 = dieses Jahr
7 = Wünsche in
    meinem Leben
8 = Erledigungen zu
    einem bestimmten
    Datum

1 bis 8
eintragen

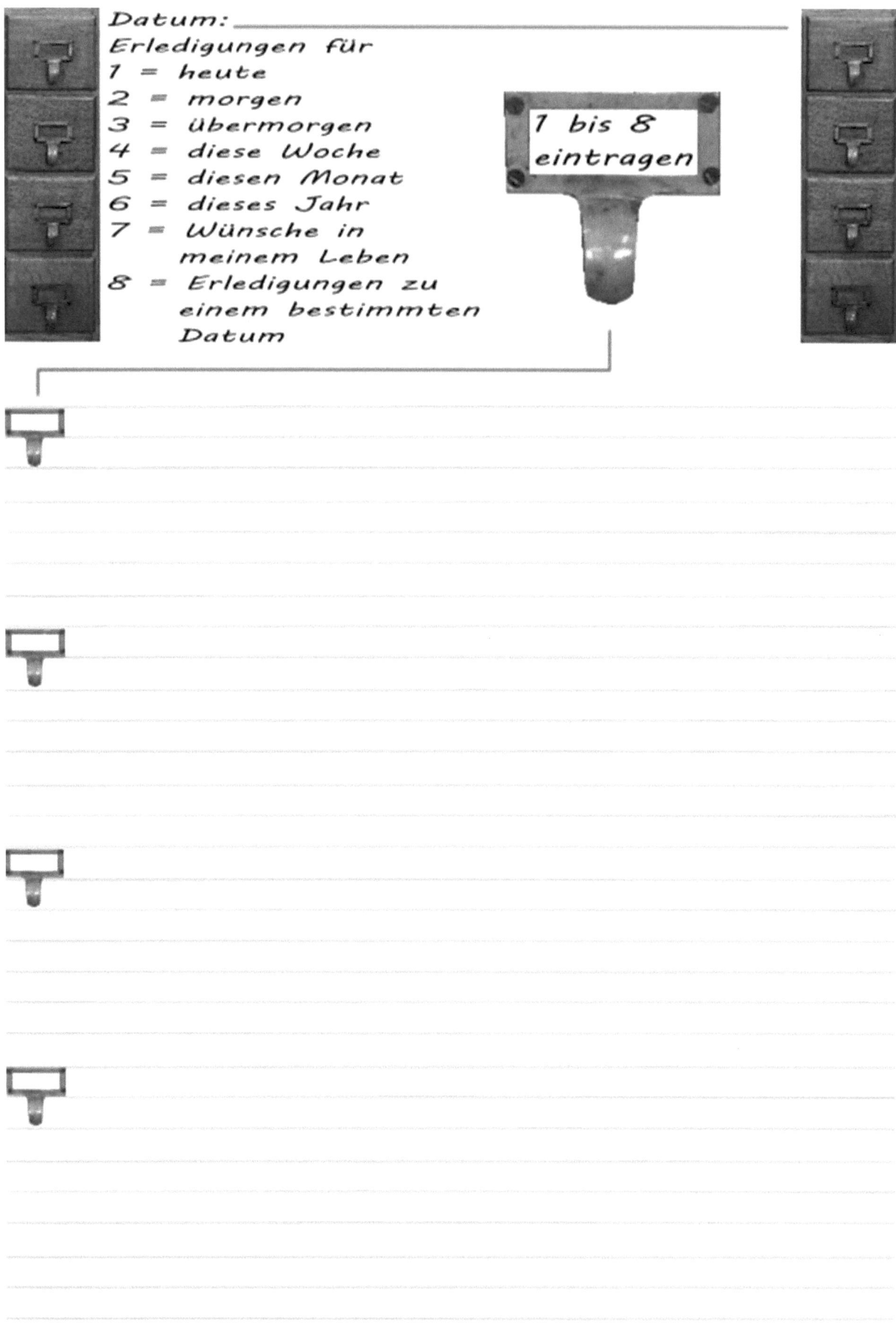

Datum:_____

Erledigungen für

1 = heute
2 = morgen
3 = übermorgen
4 = diese Woche
5 = diesen Monat
6 = dieses Jahr
7 = Wünsche in
    meinem Leben
8 = Erledigungen zu
    einem bestimmten
    Datum

1 bis 8
eintragen

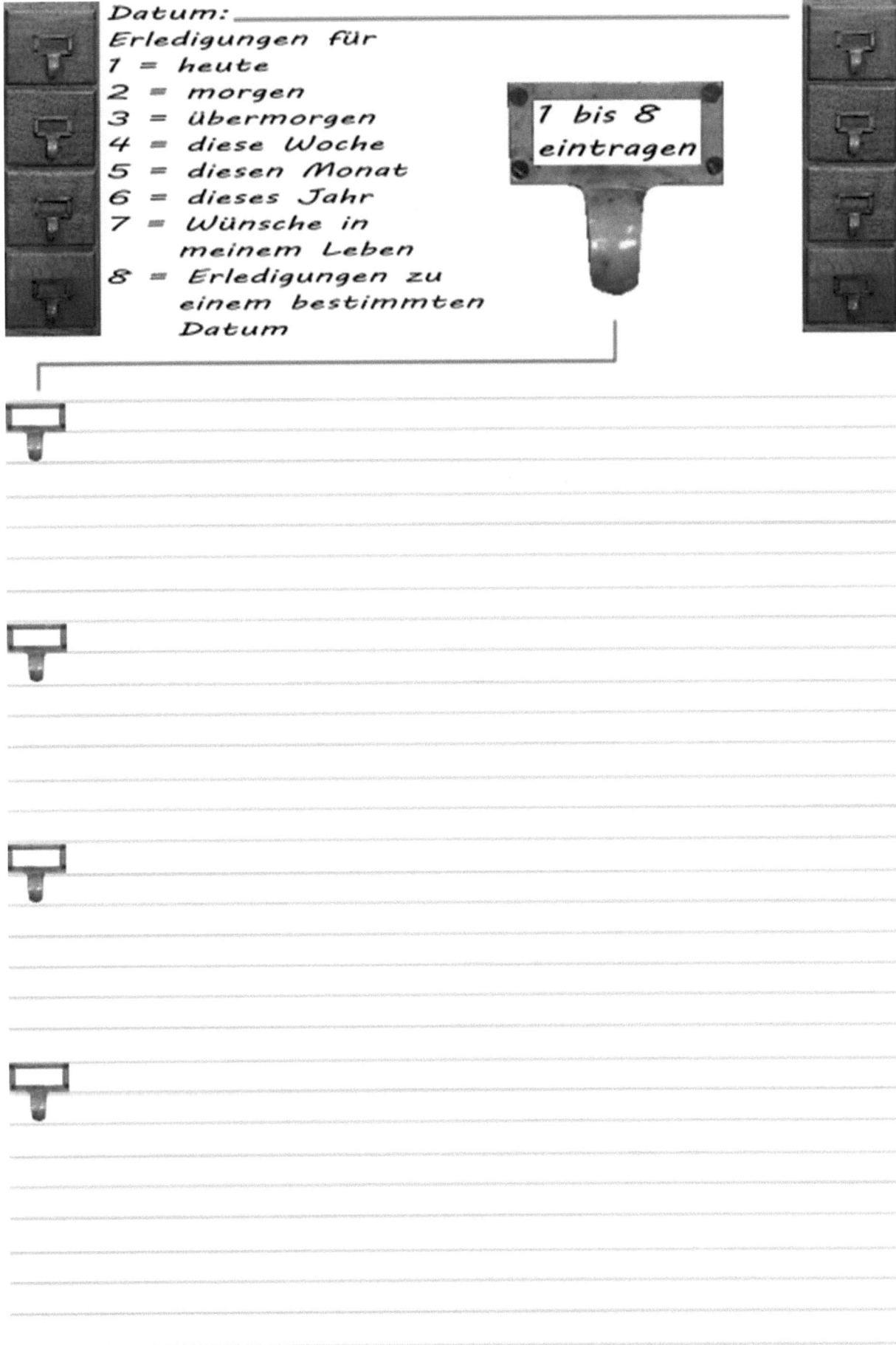

Datum:_____

Erledigungen für

1 = heute
2 = morgen
3 = übermorgen
4 = diese Woche
5 = diesen Monat
6 = dieses Jahr
7 = Wünsche in
      meinem Leben
8 = Erledigungen zu
      einem bestimmten
      Datum

1 bis 8
eintragen

Datum: _____

Erledigungen für

1 = heute
2 = morgen
3 = übermorgen
4 = diese Woche
5 = diesen Monat
6 = dieses Jahr
7 = Wünsche in
      meinem Leben
8 = Erledigungen zu
      einem bestimmten
      Datum

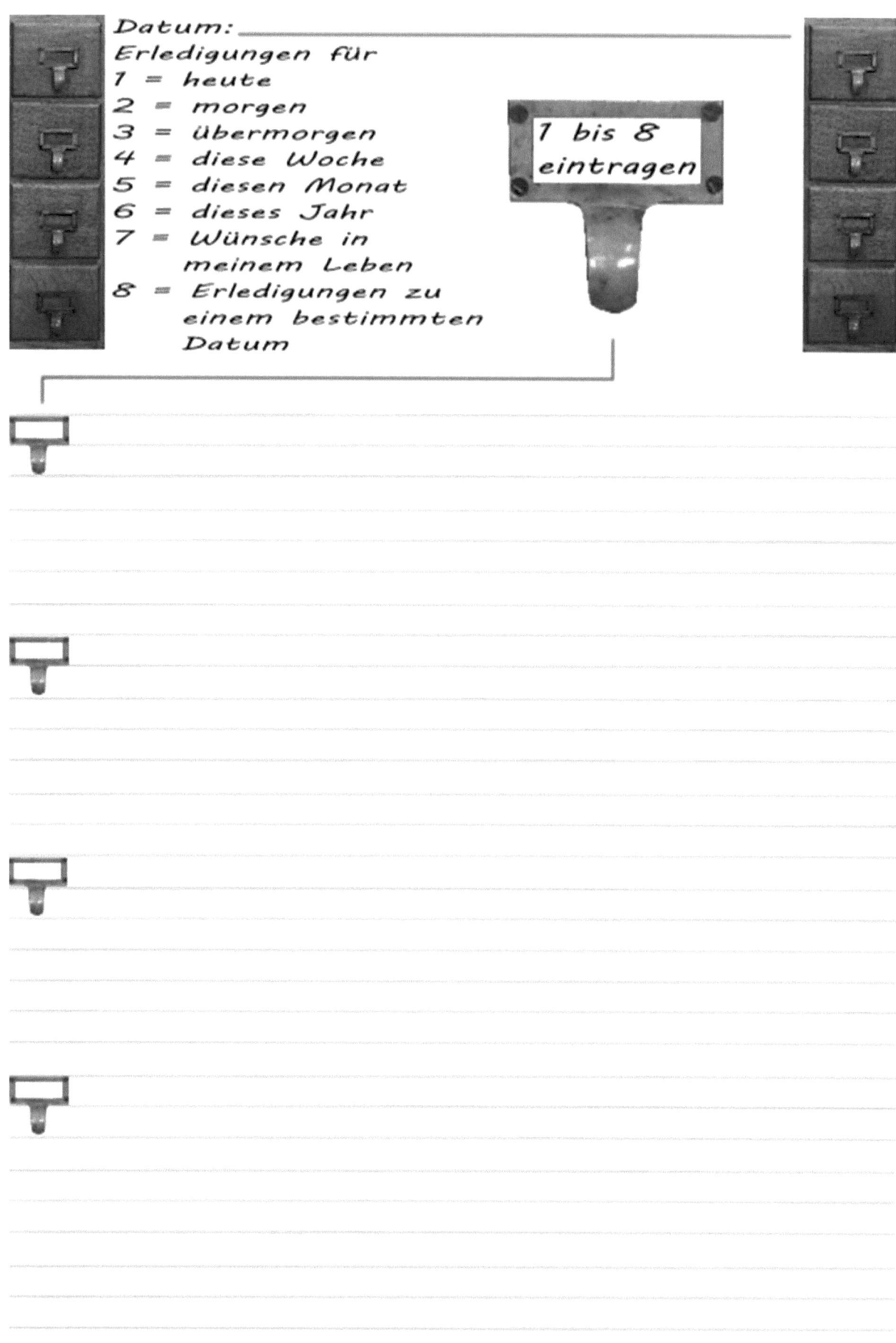

1 bis 8
eintragen

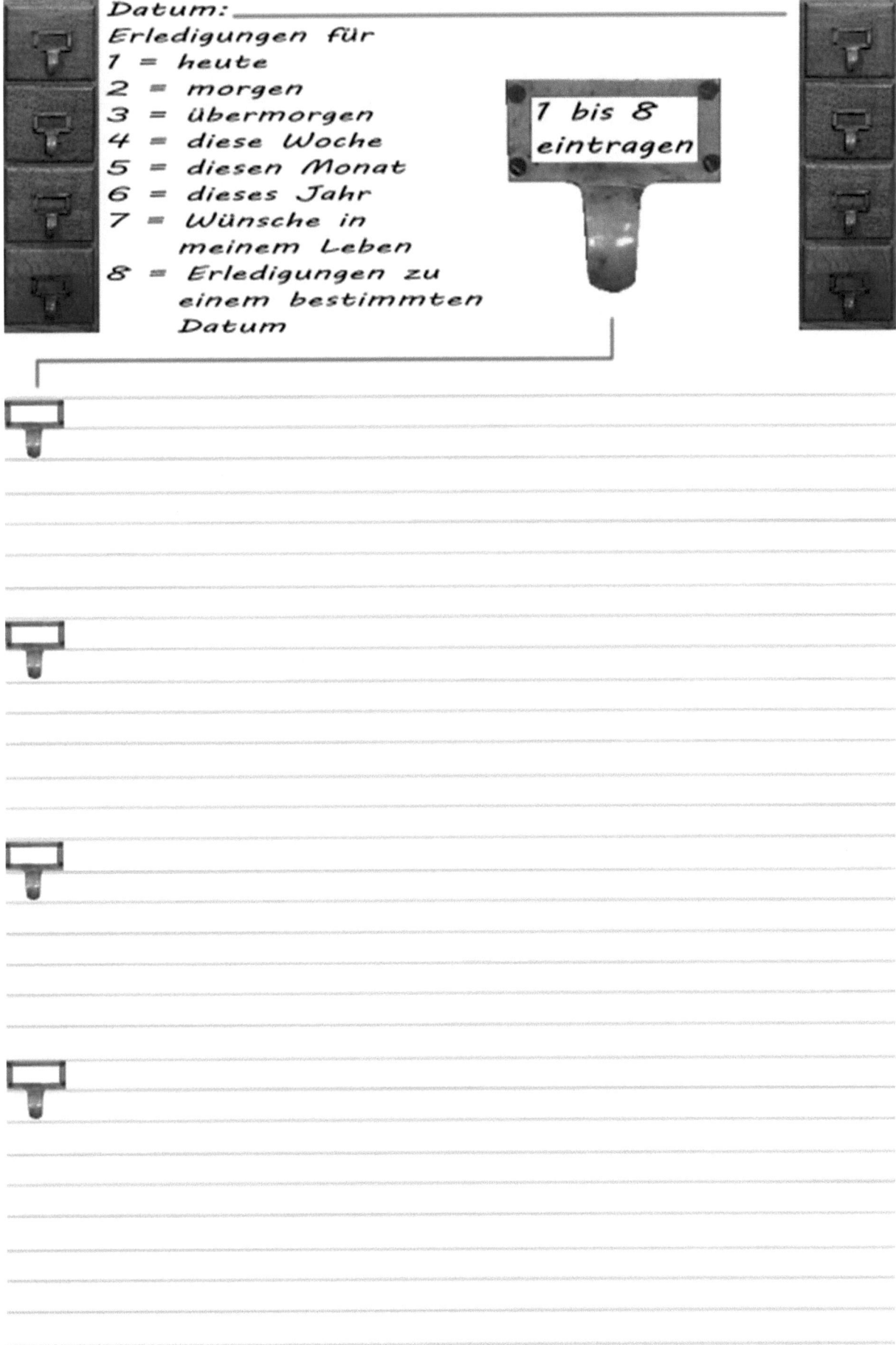

Datum: _____

Erledigungen für

1 = heute
2 = morgen
3 = übermorgen
4 = diese Woche
5 = diesen Monat
6 = dieses Jahr
7 = Wünsche in
    meinem Leben
8 = Erledigungen zu
    einem bestimmten
    Datum

1 bis 8
eintragen

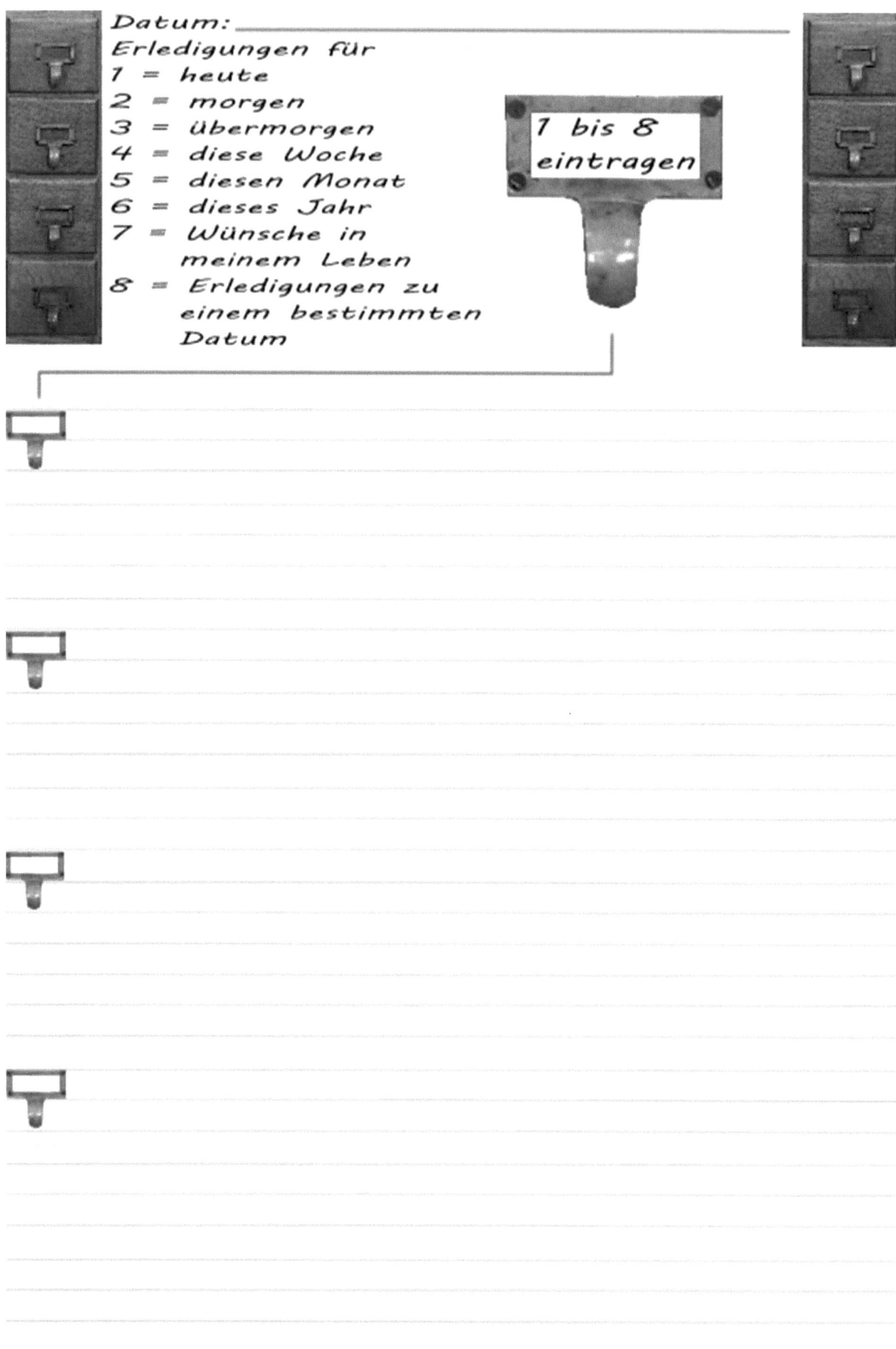

Datum:_____

Erledigungen für

1 = heute
2 = morgen
3 = übermorgen
4 = diese Woche
5 = diesen Monat
6 = dieses Jahr
7 = Wünsche in
    meinem Leben
8 = Erledigungen zu
    einem bestimmten
    Datum

7 bis 8
eintragen

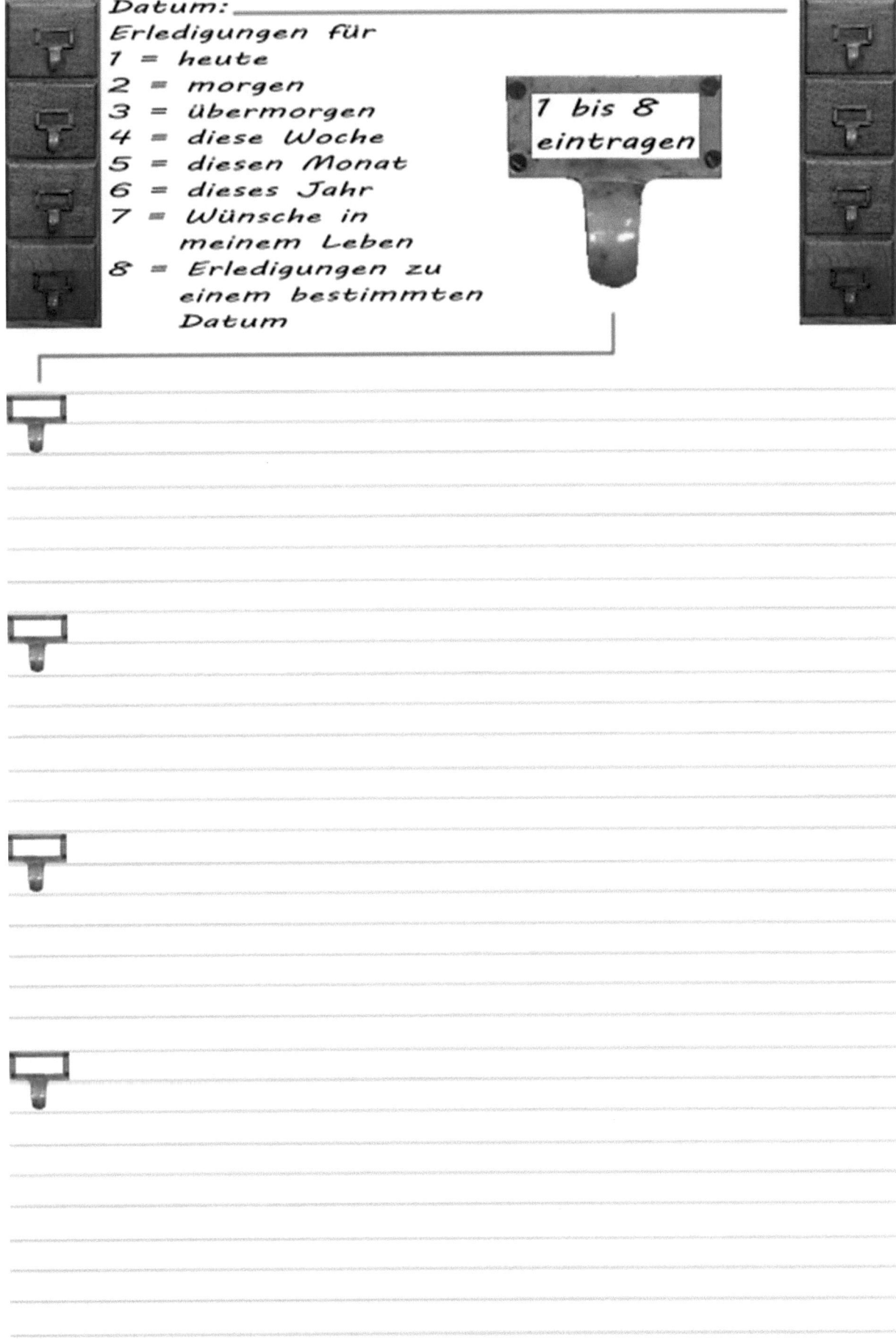

Datum: _____

Erledigungen für

1 = heute
2 = morgen
3 = übermorgen
4 = diese Woche
5 = diesen Monat
6 = dieses Jahr
7 = Wünsche in
    meinem Leben
8 = Erledigungen zu
    einem bestimmten
    Datum

1 bis 8
eintragen

Datum:_____

Erledigungen für

1 = heute
2 = morgen
3 = übermorgen
4 = diese Woche
5 = diesen Monat
6 = dieses Jahr
7 = Wünsche in
    meinem Leben
8 = Erledigungen zu
    einem bestimmten
    Datum

1 bis 8
eintragen

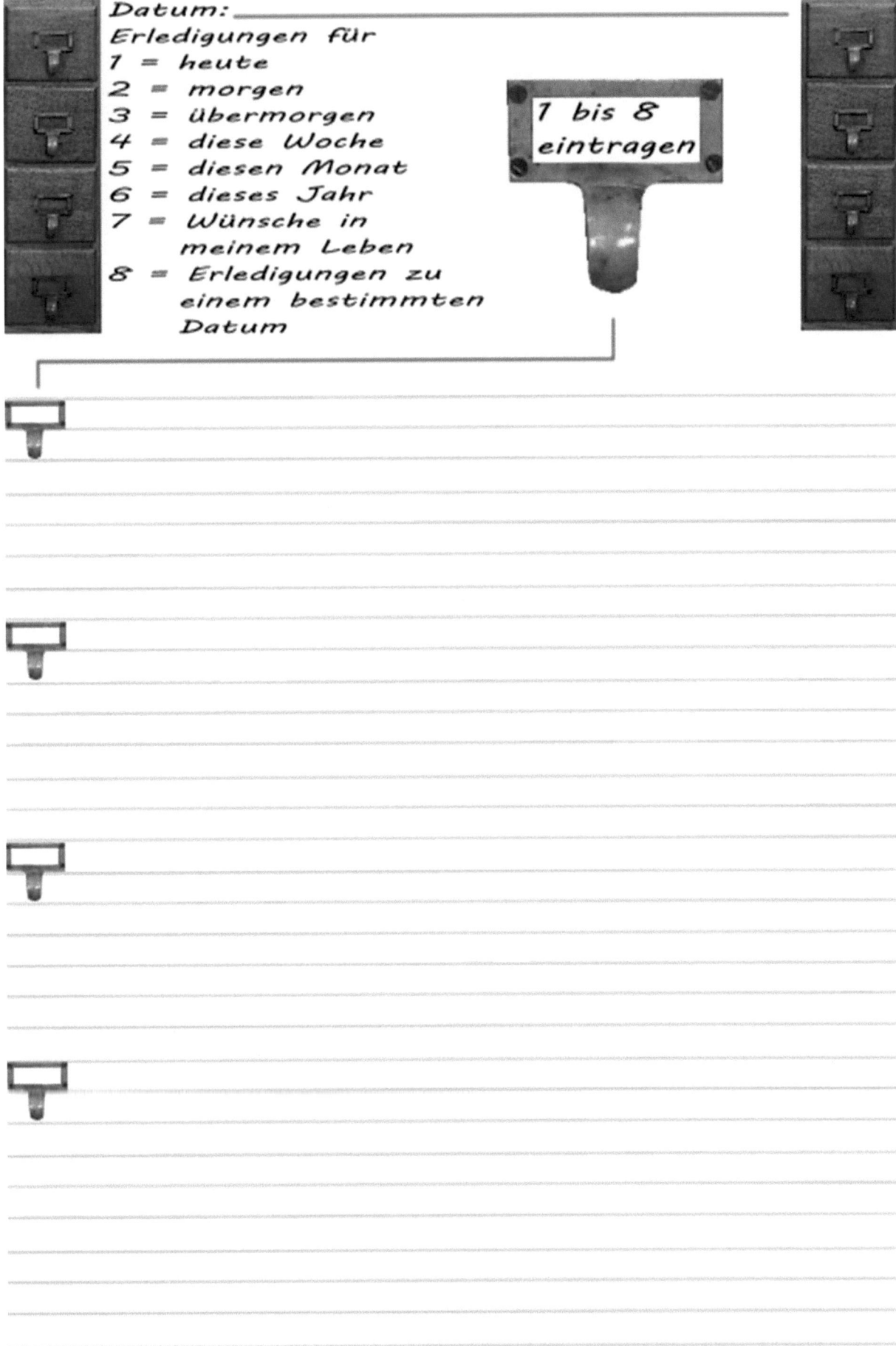

Datum:_____

Erledigungen für

1 = heute
2 = morgen
3 = übermorgen
4 = diese Woche
5 = diesen Monat
6 = dieses Jahr
7 = Wünsche in
    meinem Leben
8 = Erledigungen zu
    einem bestimmten
    Datum

1 bis 8
eintragen

Datum: _____

Erledigungen für

1 = heute
2 = morgen
3 = übermorgen
4 = diese Woche
5 = diesen Monat
6 = dieses Jahr
7 = Wünsche in
    meinem Leben
8 = Erledigungen zu
    einem bestimmten
    Datum

1 bis 8
eintragen

Datum:_____

Erledigungen für

1 = heute
2 = morgen
3 = übermorgen
4 = diese Woche
5 = diesen Monat
6 = dieses Jahr
7 = Wünsche in
    meinem Leben
8 = Erledigungen zu
    einem bestimmten
    Datum

1 bis 8
eintragen

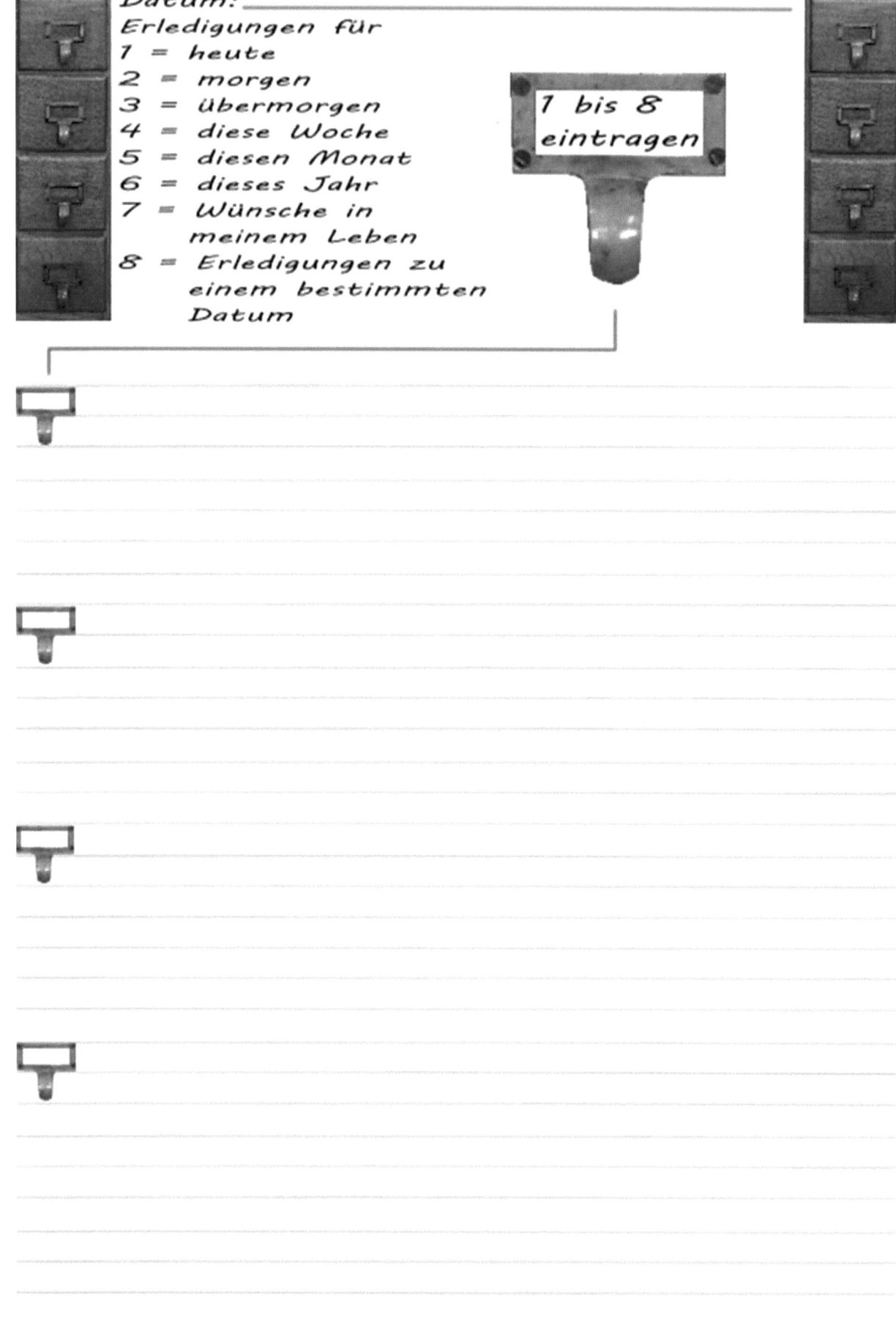

Datum:_____

Erledigungen für

1 = heute
2 = morgen
3 = übermorgen
4 = diese Woche
5 = diesen Monat
6 = dieses Jahr
7 = Wünsche in
    meinem Leben
8 = Erledigungen zu
    einem bestimmten
    Datum

1 bis 8
eintragen

Datum:_____

Erledigungen für
1 = heute
2 = morgen
3 = übermorgen
4 = diese Woche
5 = diesen Monat
6 = dieses Jahr
7 = Wünsche in
    meinem Leben
8 = Erledigungen zu
    einem bestimmten
    Datum

1 bis 8
eintragen

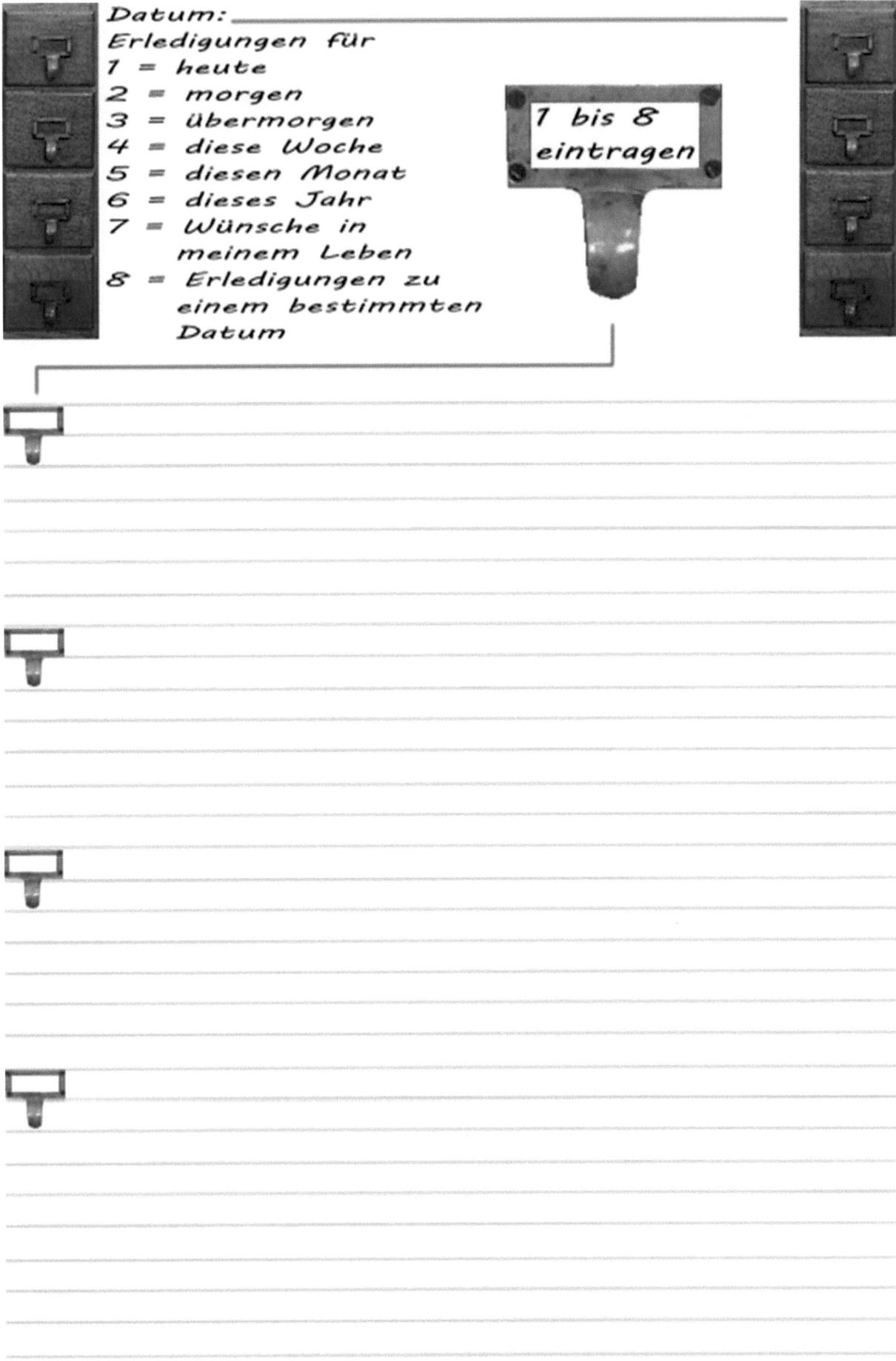

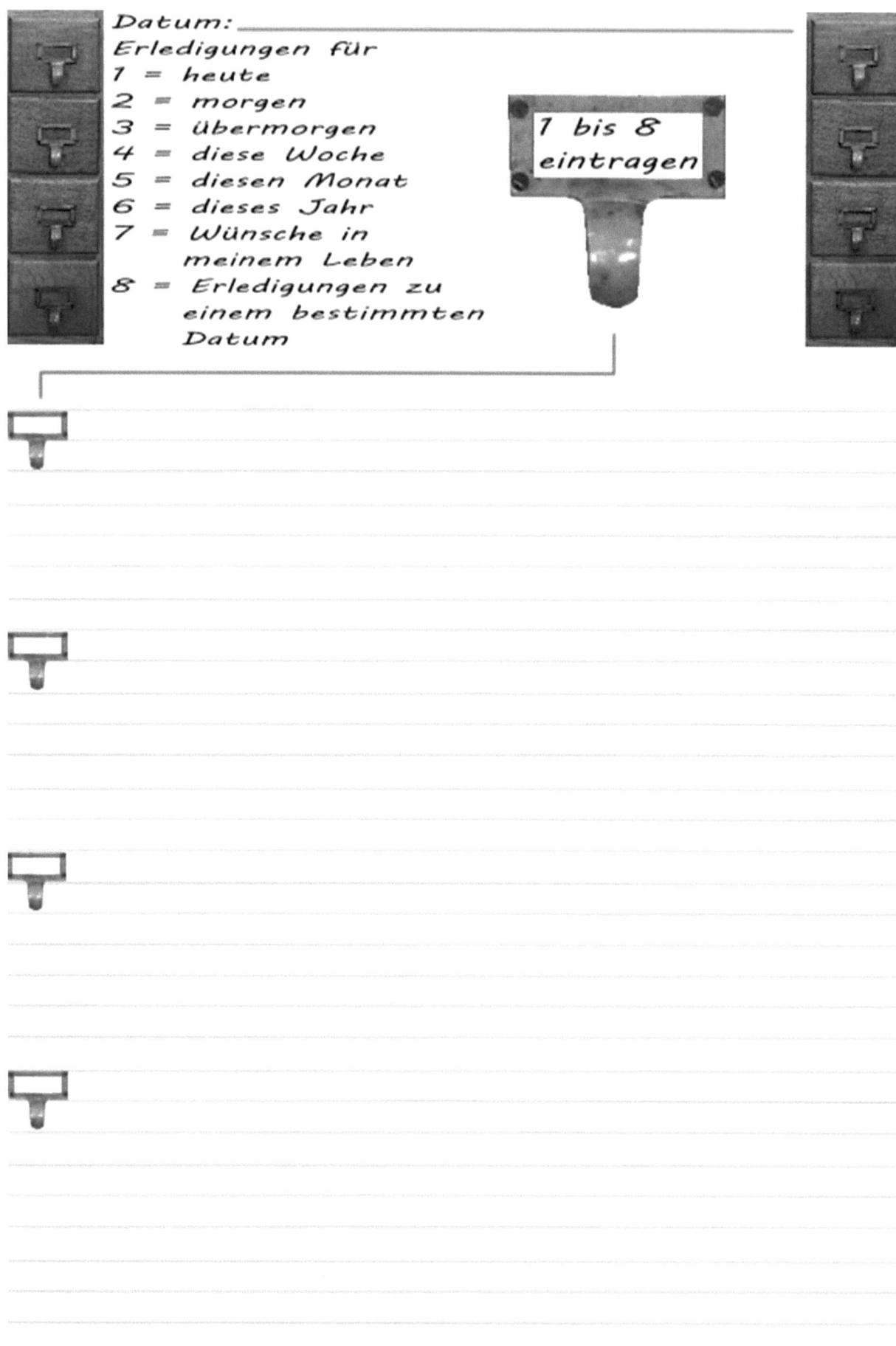

Datum: _____

Erledigungen für

1 = heute
2 = morgen
3 = übermorgen
4 = diese Woche
5 = diesen Monat
6 = dieses Jahr
7 = Wünsche in
    meinem Leben
8 = Erledigungen zu
    einem bestimmten
    Datum

1 bis 8
eintragen

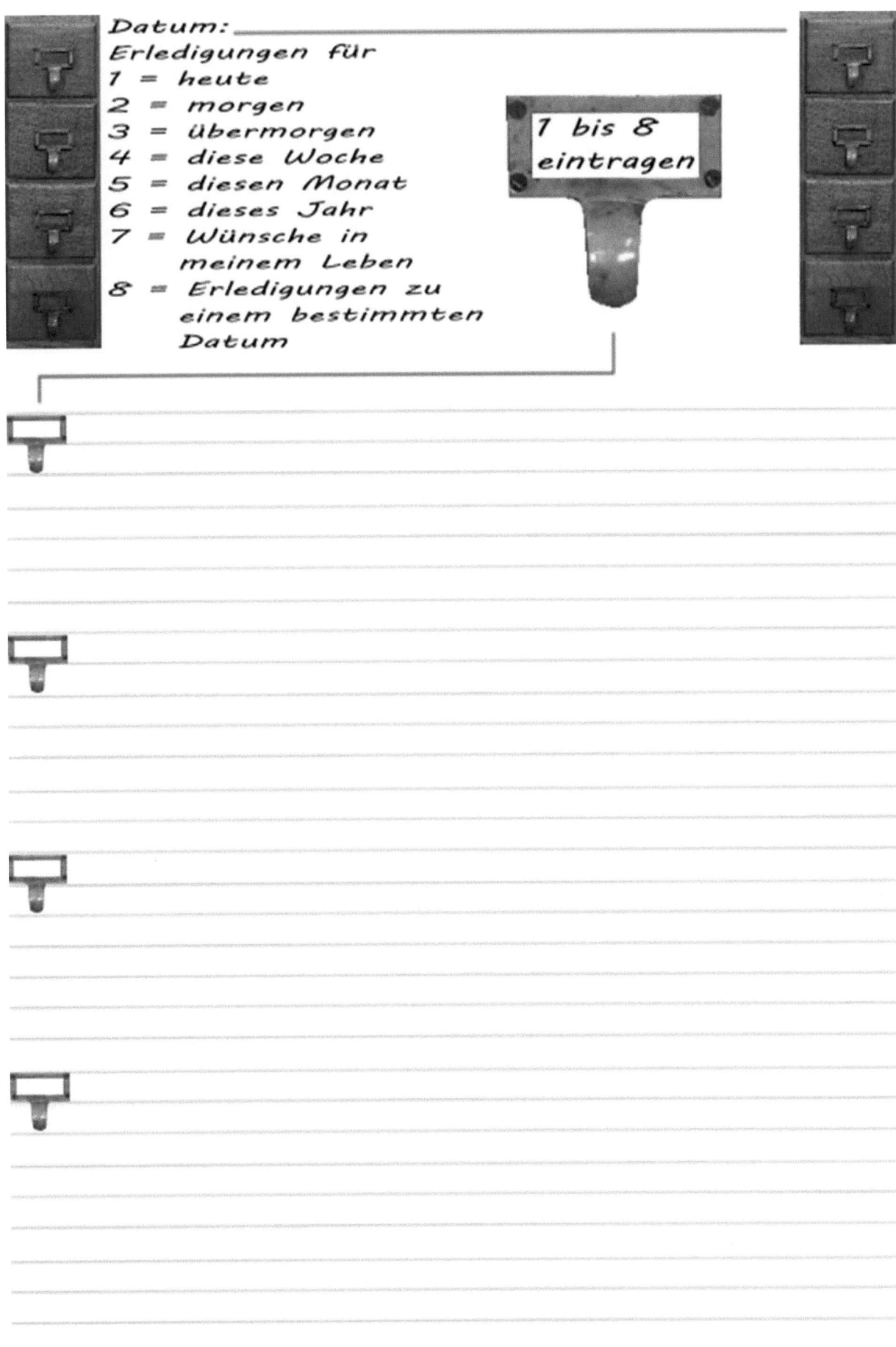

Datum: _____

Erledigungen für

1 = heute
2 = morgen
3 = übermorgen
4 = diese Woche
5 = diesen Monat
6 = dieses Jahr
7 = Wünsche in
    meinem Leben
8 = Erledigungen zu
    einem bestimmten
    Datum

1 bis 8
eintragen

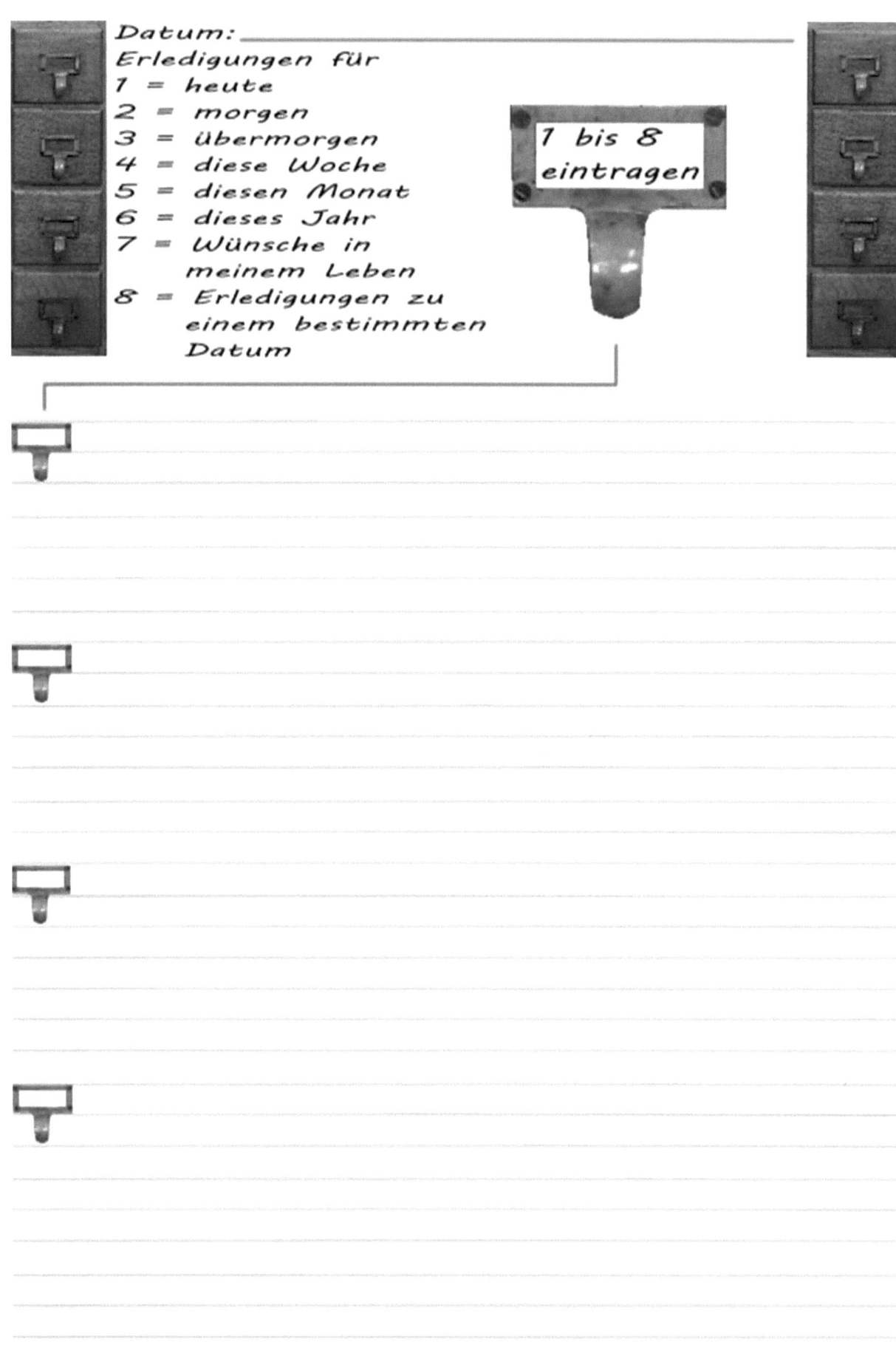

Datum:_____

Erledigungen für

1 = heute
2 = morgen
3 = übermorgen
4 = diese Woche
5 = diesen Monat
6 = dieses Jahr
7 = Wünsche in
    meinem Leben
8 = Erledigungen zu
    einem bestimmten
    Datum

1 bis 8
eintragen

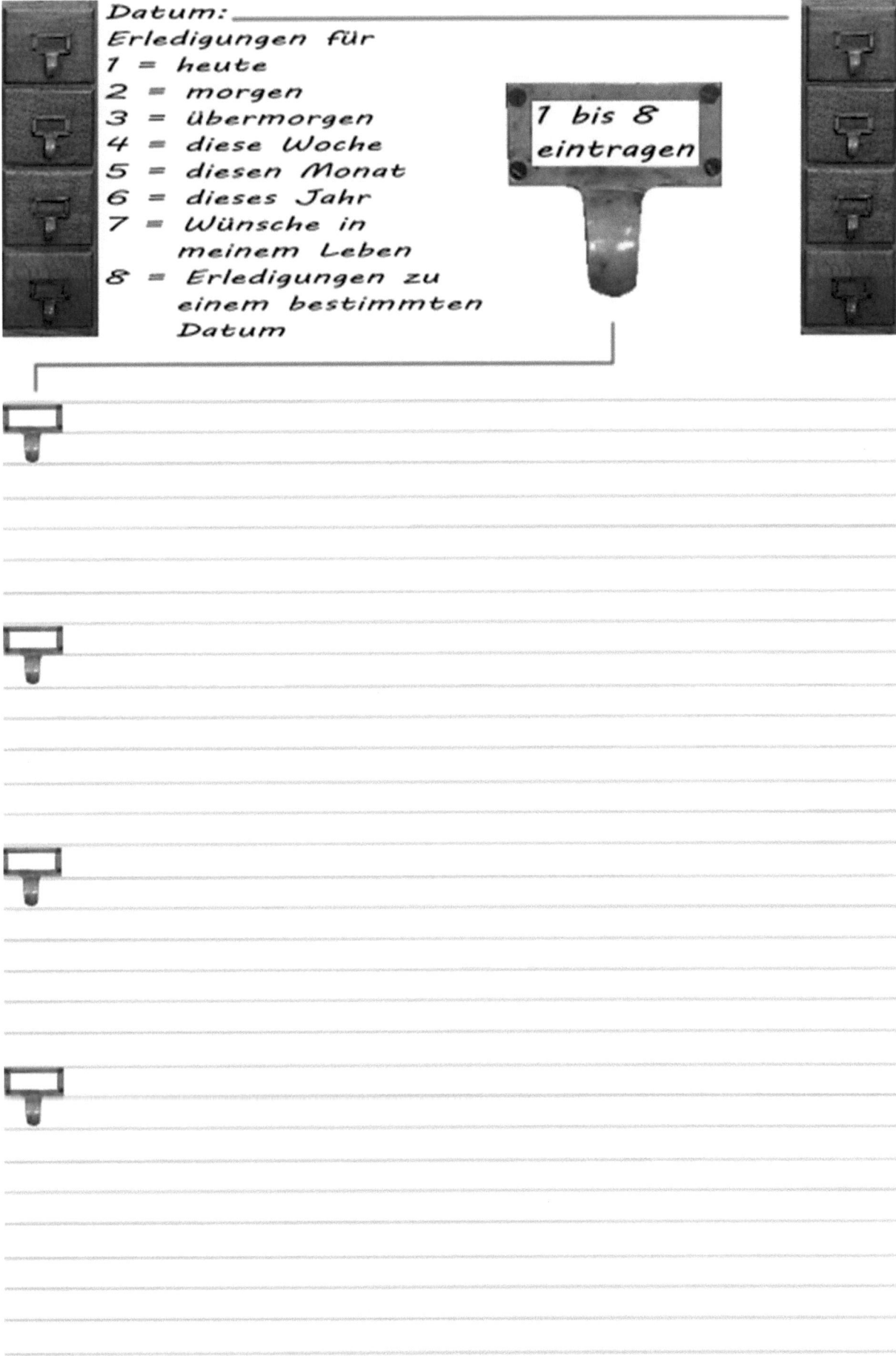

Datum:_____

Erledigungen für

1 = heute
2 = morgen
3 = übermorgen
4 = diese Woche
5 = diesen Monat
6 = dieses Jahr
7 = Wünsche in
    meinem Leben
8 = Erledigungen zu
    einem bestimmten
    Datum

7 bis 8
eintragen

Datum: _____

Erledigungen für

1 = heute
2 = morgen
3 = übermorgen
4 = diese Woche
5 = diesen Monat
6 = dieses Jahr
7 = Wünsche in
meinem Leben
8 = Erledigungen zu
einem bestimmten
Datum

1 bis 8
eintragen

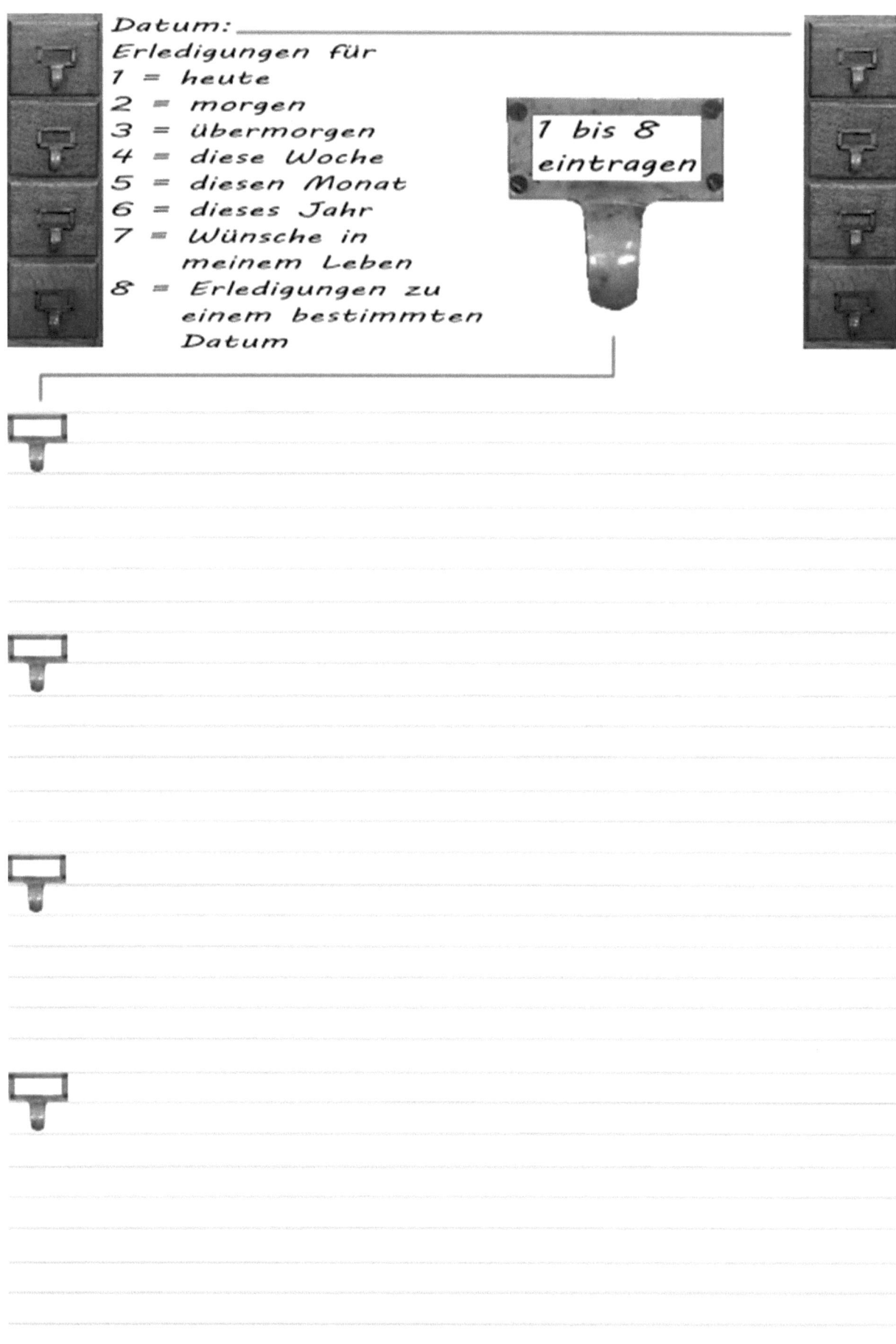

Datum: _____

Erledigungen für

1 = heute
2 = morgen
3 = übermorgen
4 = diese Woche
5 = diesen Monat
6 = dieses Jahr
7 = Wünsche in
    meinem Leben
8 = Erledigungen zu
    einem bestimmten
    Datum

1 bis 8
eintragen

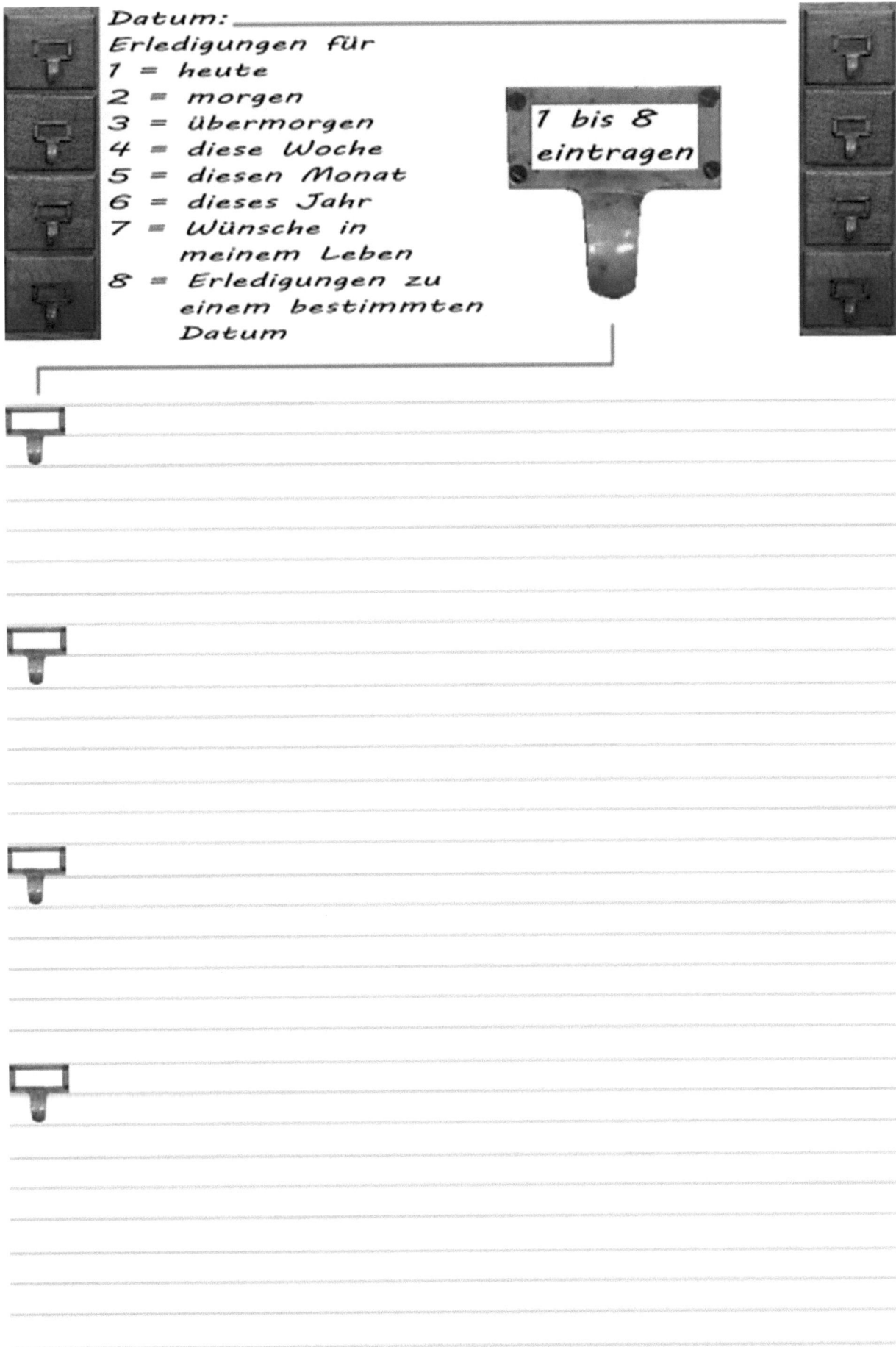

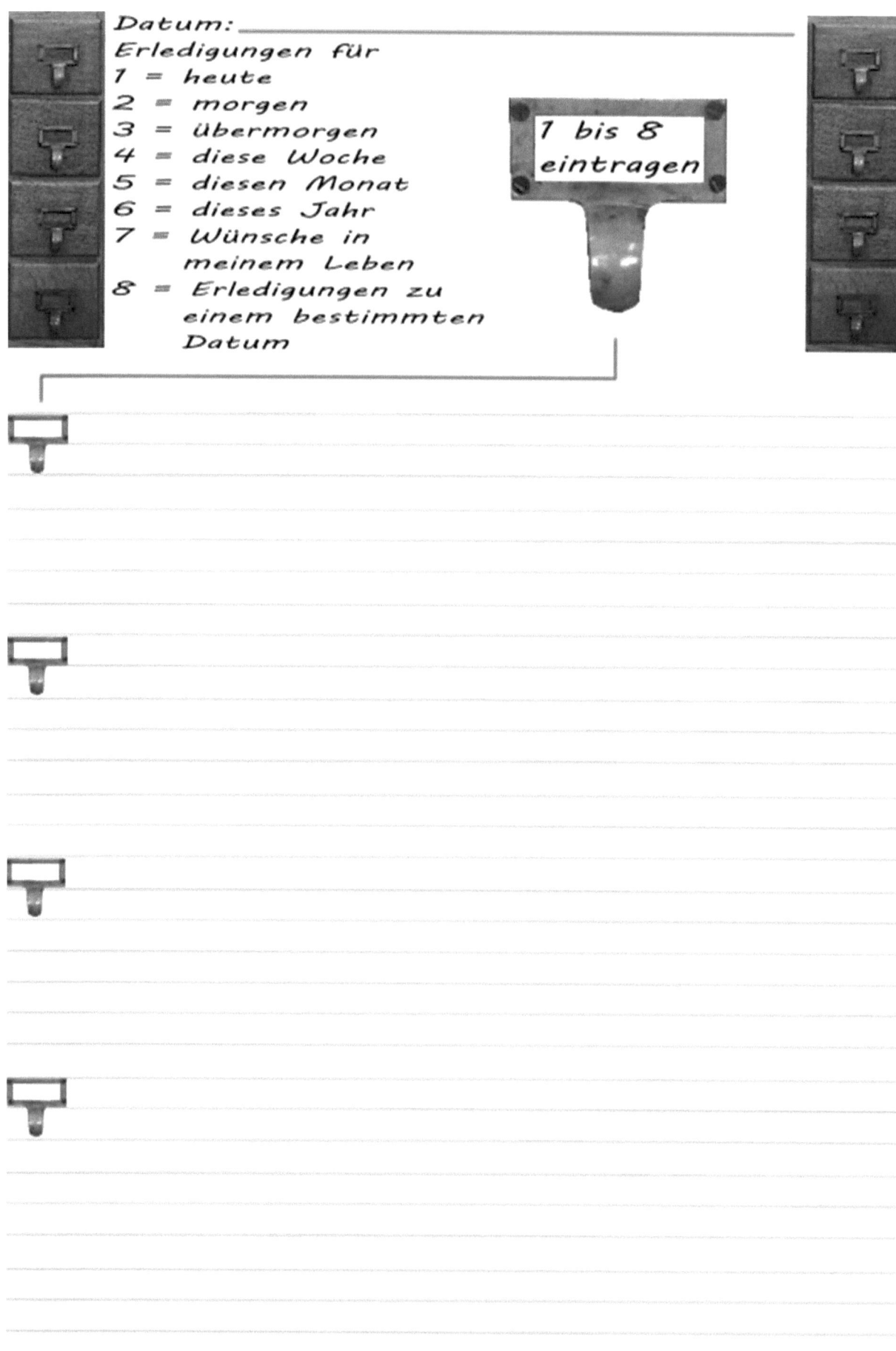

Datum: _____

Erledigungen für

1 = heute
2 = morgen
3 = übermorgen
4 = diese Woche
5 = diesen Monat
6 = dieses Jahr
7 = Wünsche in
    meinem Leben
8 = Erledigungen zu
    einem bestimmten
    Datum

1 bis 8
eintragen

Datum:_____

Erledigungen für

1 = heute
2 = morgen
3 = übermorgen
4 = diese Woche
5 = diesen Monat
6 = dieses Jahr
7 = Wünsche in
    meinem Leben
8 = Erledigungen zu
    einem bestimmten
    Datum

7 bis 8
eintragen

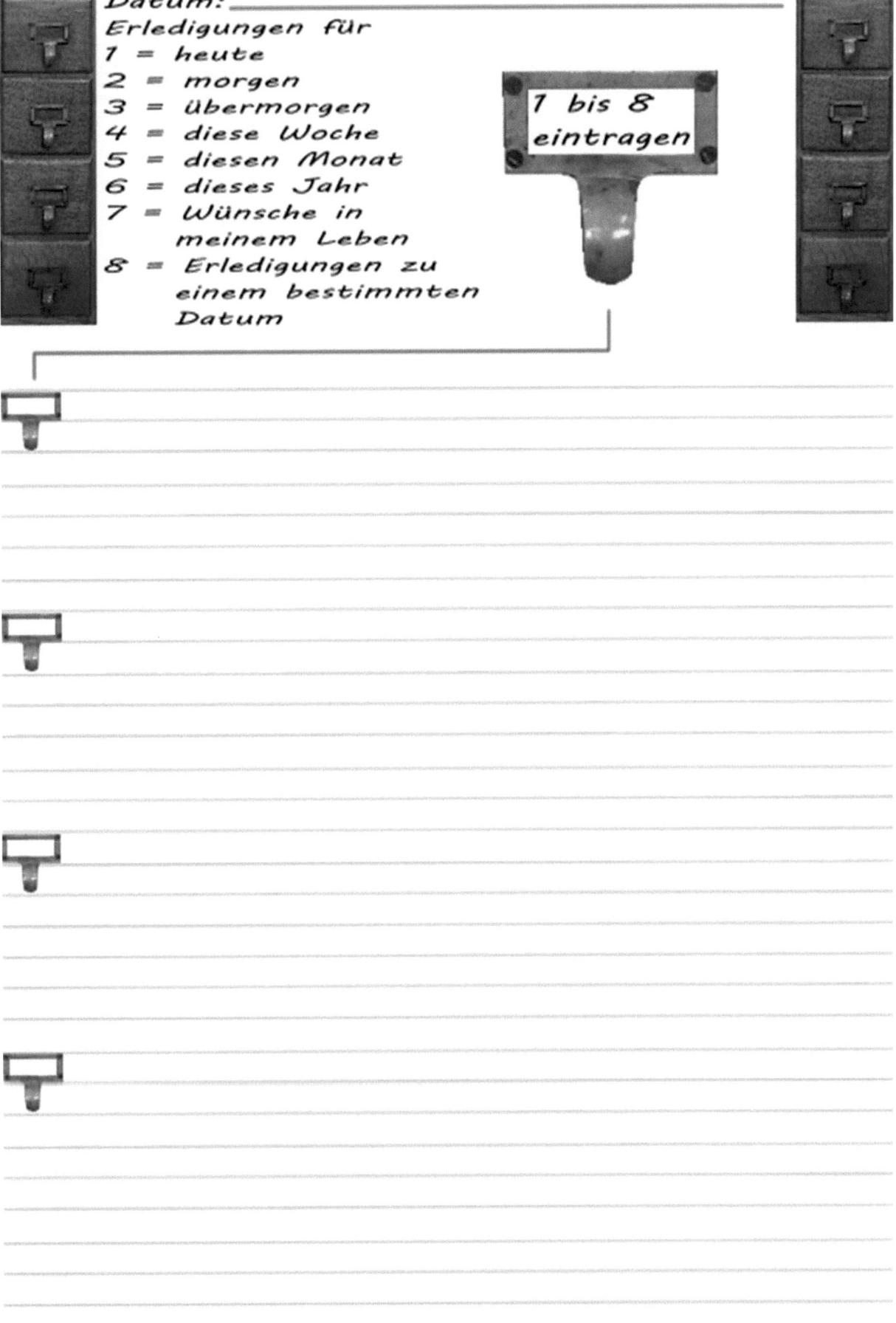

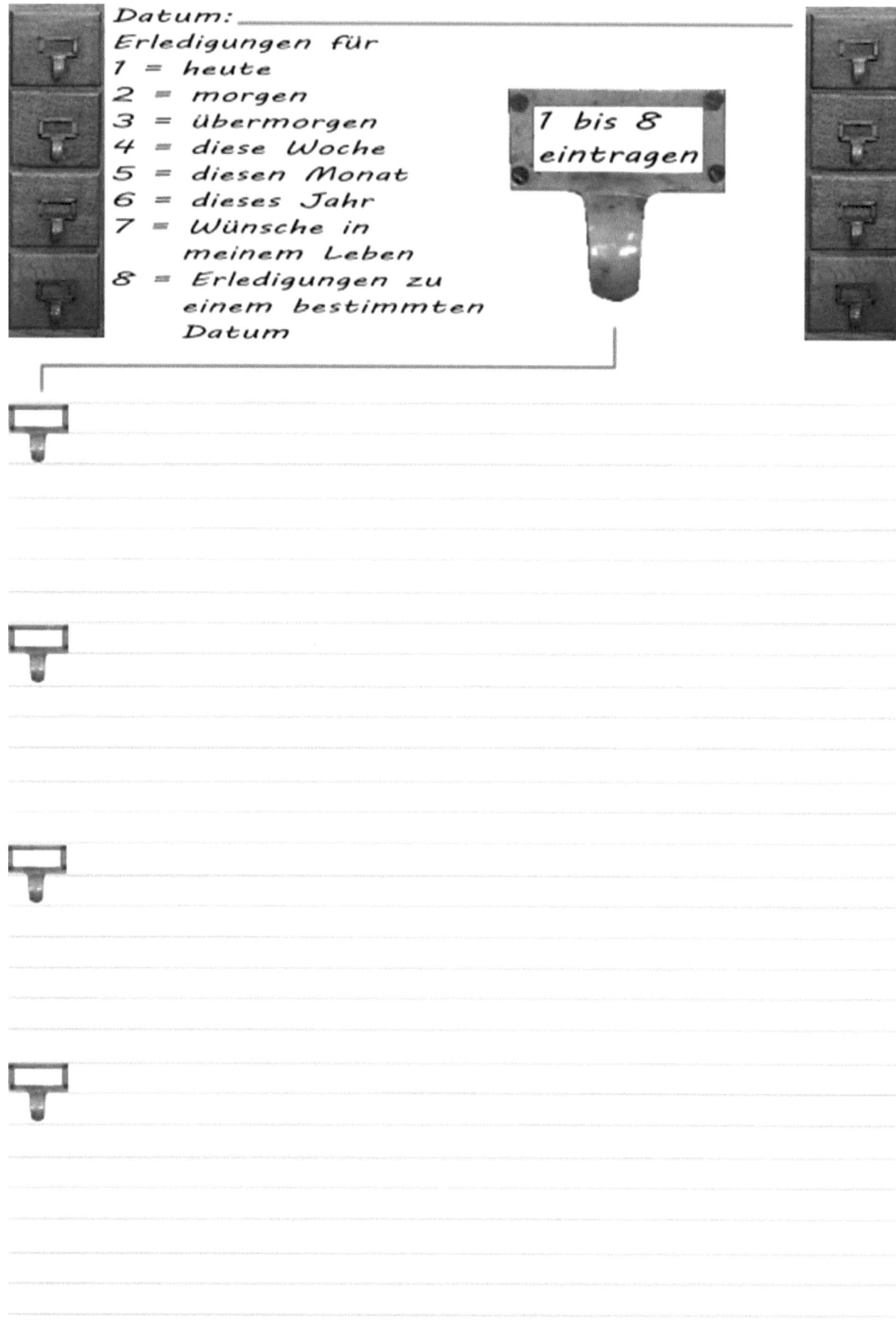

Datum:_____

Erledigungen für

1 = heute
2 = morgen
3 = übermorgen
4 = diese Woche
5 = diesen Monat
6 = dieses Jahr
7 = Wünsche in
    meinem Leben
8 = Erledigungen zu
    einem bestimmten
    Datum

1 bis 8
eintragen

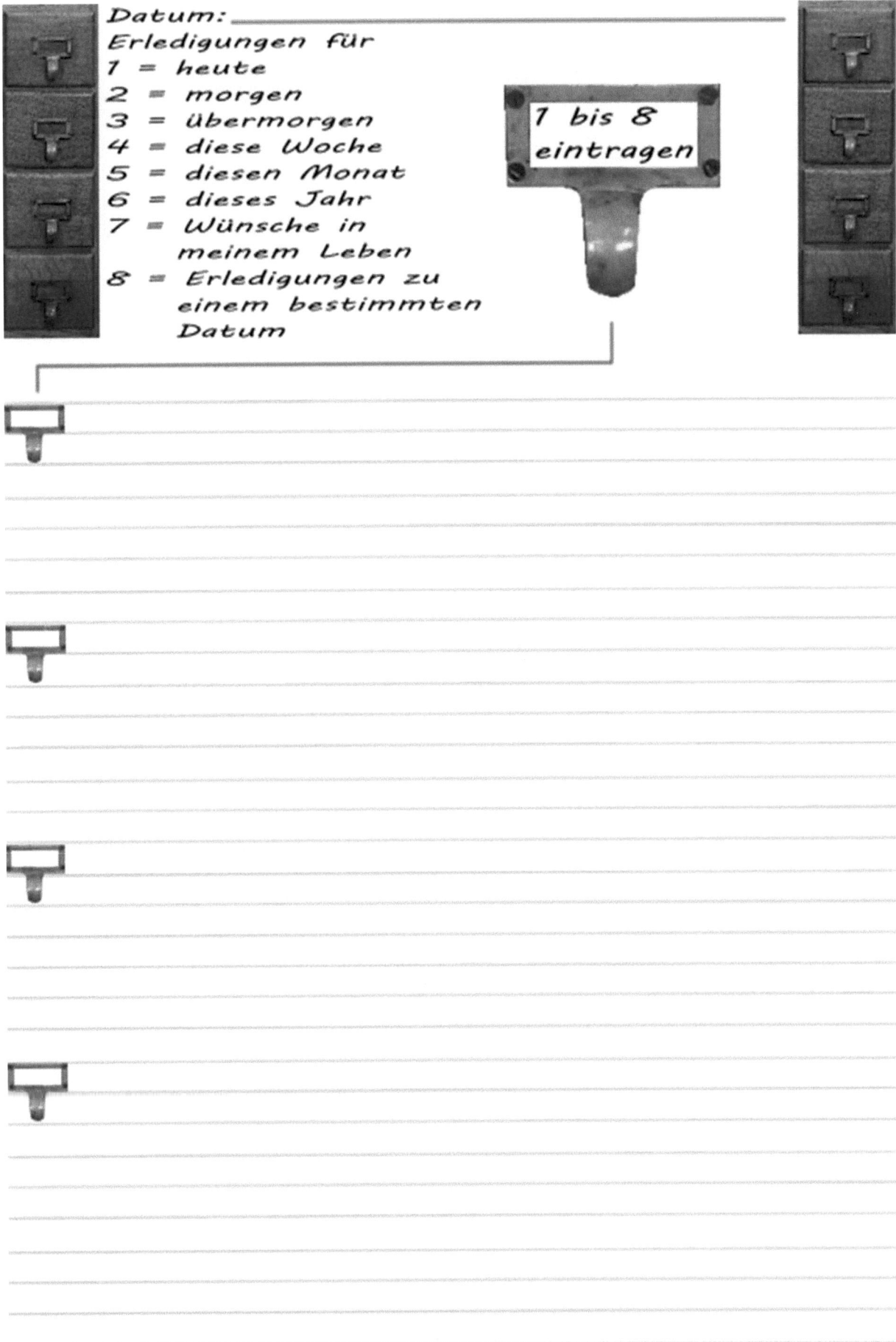

Datum:_____

Erledigungen für

1 = heute
2 = morgen
3 = übermorgen
4 = diese Woche
5 = diesen Monat
6 = dieses Jahr
7 = Wünsche in
     meinem Leben
8 = Erledigungen zu
     einem bestimmten
     Datum

1 bis 8
eintragen

Datum:_____

Erledigungen für

1 = heute
2 = morgen
3 = übermorgen
4 = diese Woche
5 = diesen Monat
6 = dieses Jahr
7 = Wünsche in
    meinem Leben
8 = Erledigungen zu
    einem bestimmten
    Datum

1 bis 8
eintragen

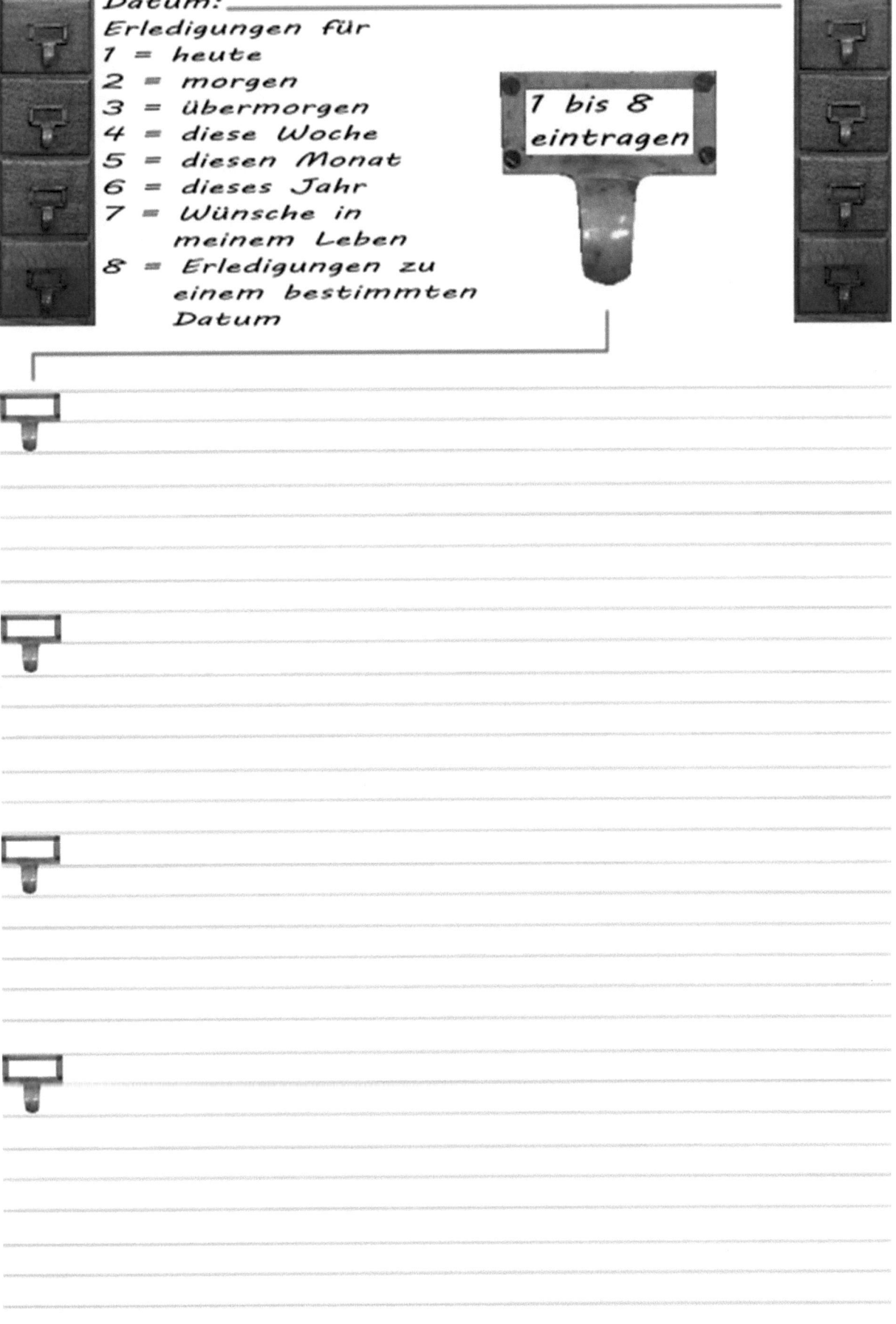

Datum:_____

Erledigungen für

1 = heute
2 = morgen
3 = übermorgen
4 = diese Woche
5 = diesen Monat
6 = dieses Jahr
7 = Wünsche in
    meinem Leben
8 = Erledigungen zu
    einem bestimmten
    Datum

7 bis 8
eintragen

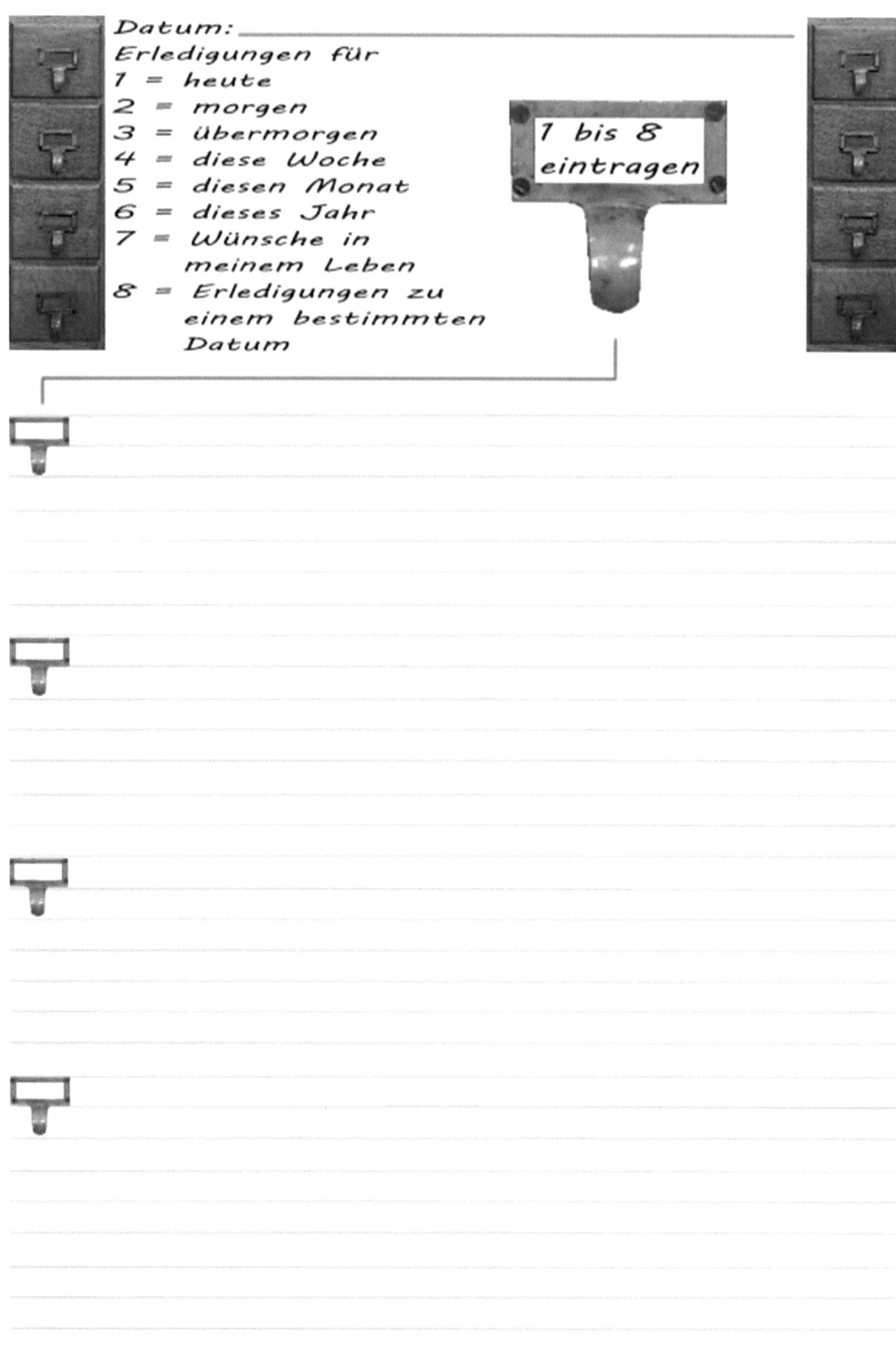

Datum: _____

Erledigungen für

1 = heute
2 = morgen
3 = übermorgen
4 = diese Woche
5 = diesen Monat
6 = dieses Jahr
7 = Wünsche in
    meinem Leben
8 = Erledigungen zu
    einem bestimmten
    Datum

1 bis 8
eintragen

Datum:_____

Erledigungen für
1 = heute
2 = morgen
3 = übermorgen
4 = diese Woche
5 = diesen Monat
6 = dieses Jahr
7 = Wünsche in
    meinem Leben
8 = Erledigungen zu
    einem bestimmten
    Datum

1 bis 8
eintragen

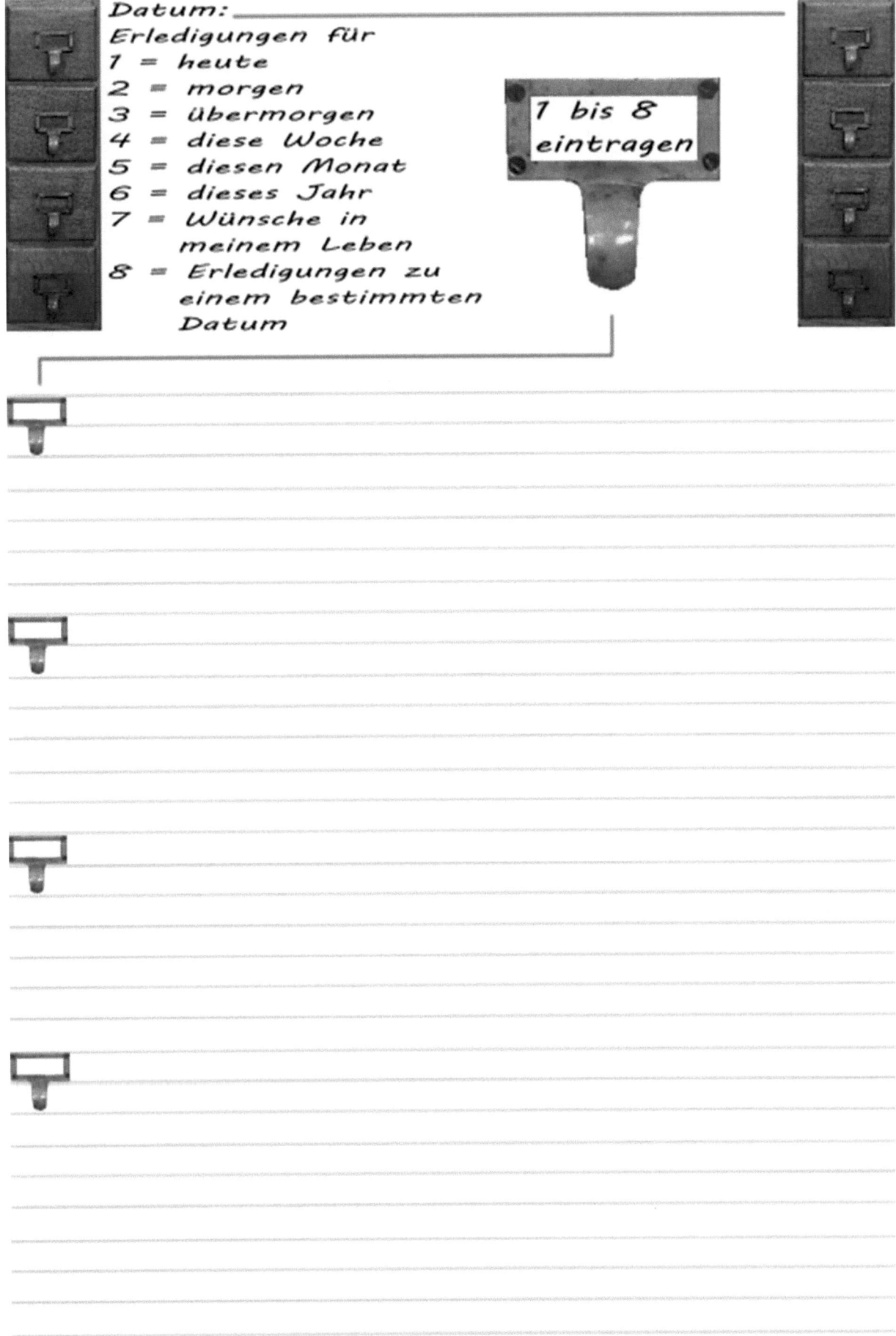

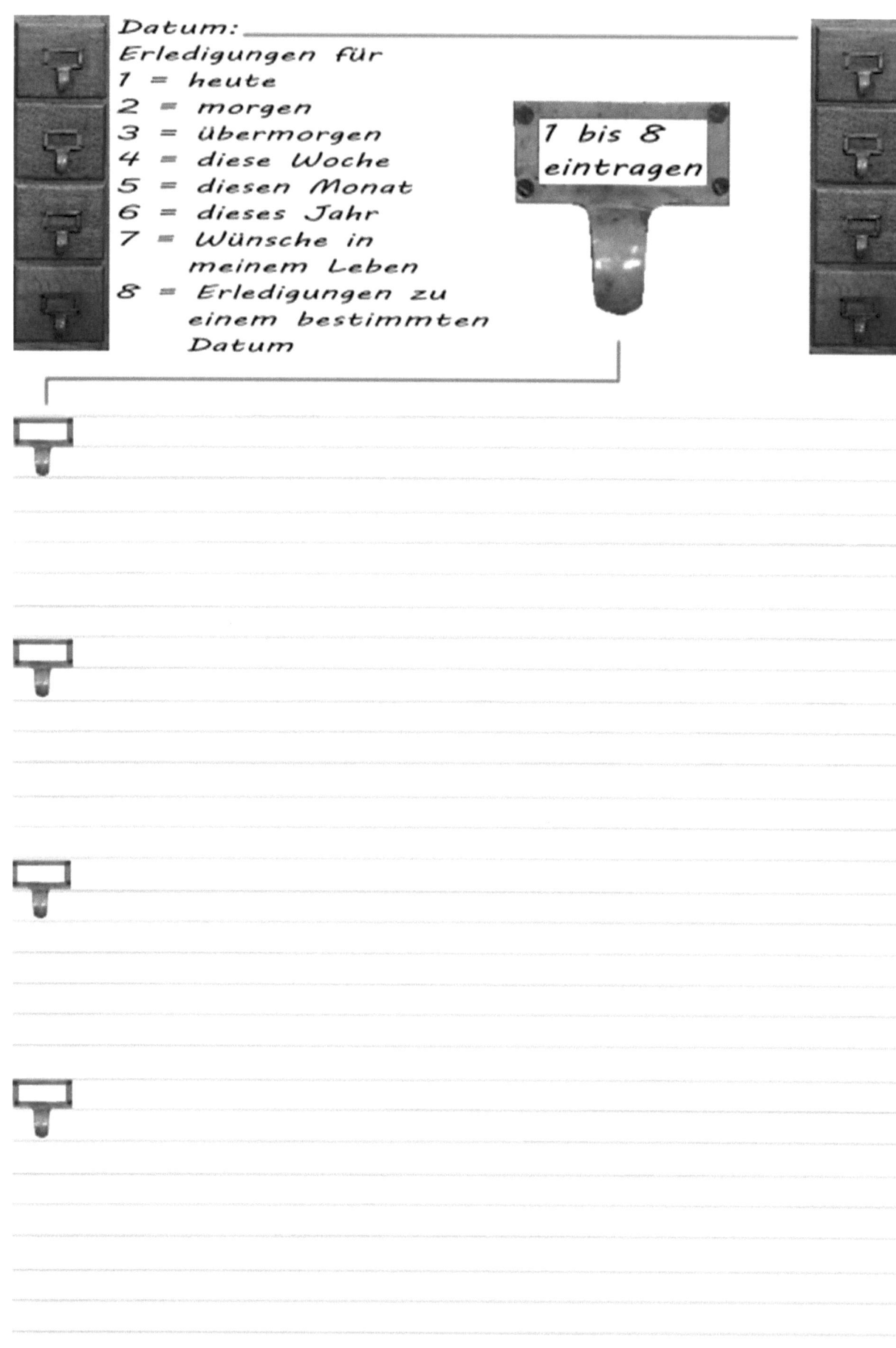

Datum:_____

Erledigungen für
1 = heute
2 = morgen
3 = übermorgen
4 = diese Woche
5 = diesen Monat
6 = dieses Jahr
7 = Wünsche in
    meinem Leben
8 = Erledigungen zu
    einem bestimmten
    Datum

1 bis 8
eintragen

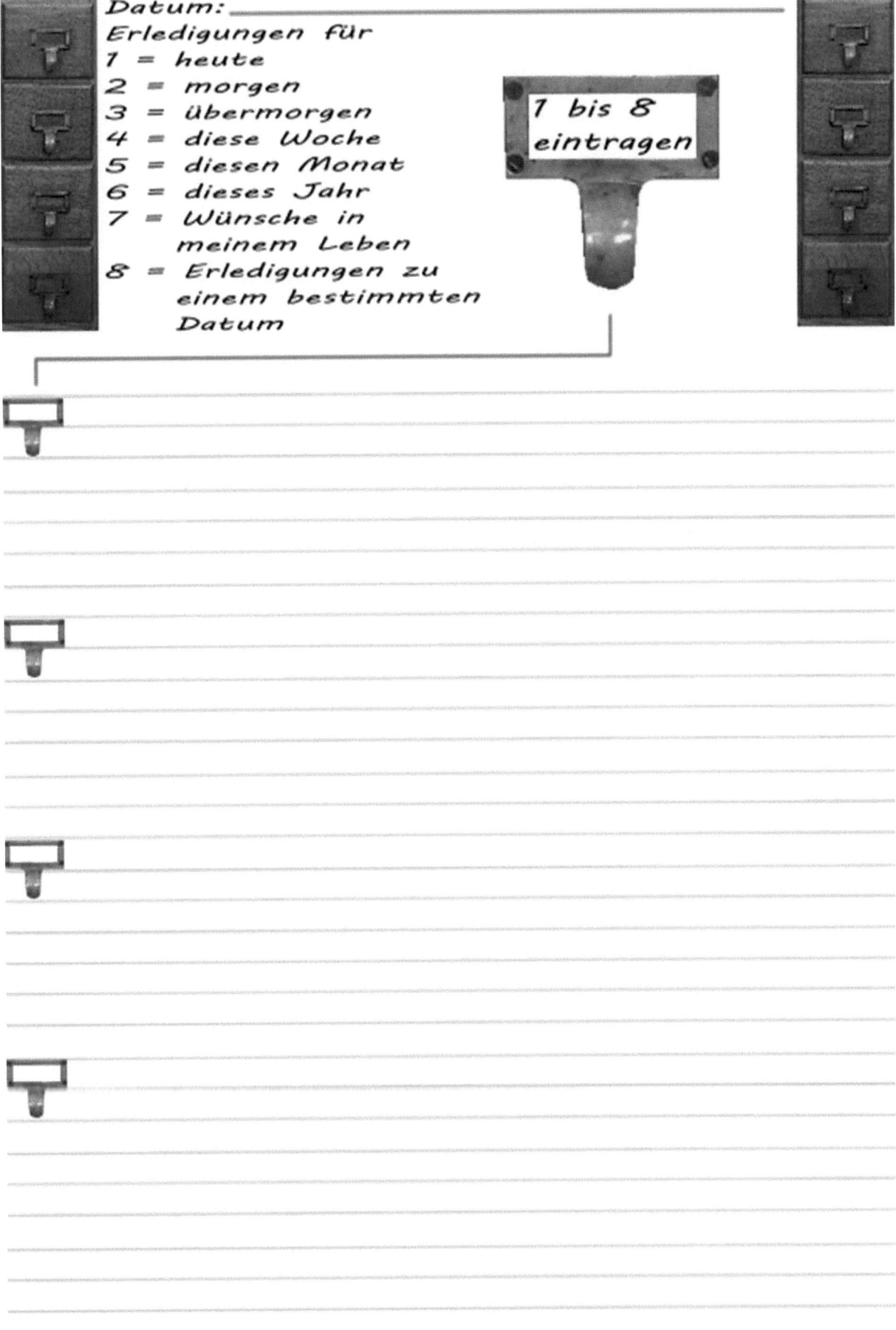

Datum: _____

Erledigungen für

1 = heute
2 = morgen
3 = übermorgen
4 = diese Woche
5 = diesen Monat
6 = dieses Jahr
7 = Wünsche in
    meinem Leben
8 = Erledigungen zu
    einem bestimmten
    Datum

1 bis 8
eintragen

Datum: _____

Erledigungen für

1 = heute
2 = morgen
3 = übermorgen
4 = diese Woche
5 = diesen Monat
6 = dieses Jahr
7 = Wünsche in
    meinem Leben
8 = Erledigungen zu
    einem bestimmten
    Datum

1 bis 8
eintragen

Datum: _____

Erledigungen für

1 = heute
2 = morgen
3 = übermorgen
4 = diese Woche
5 = diesen Monat
6 = dieses Jahr
7 = Wünsche in
    meinem Leben
8 = Erledigungen zu
    einem bestimmten
    Datum

1 bis 8
eintragen

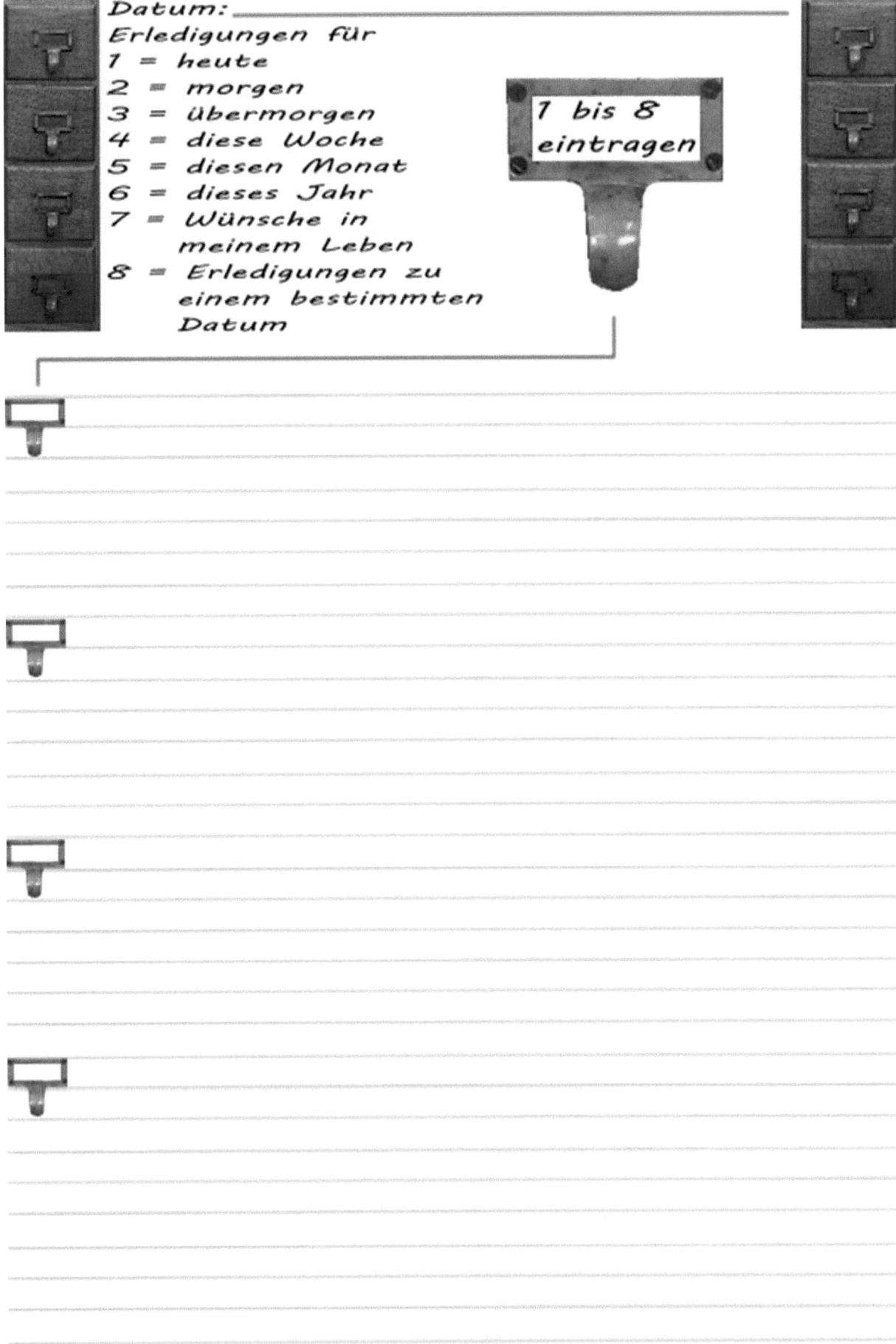

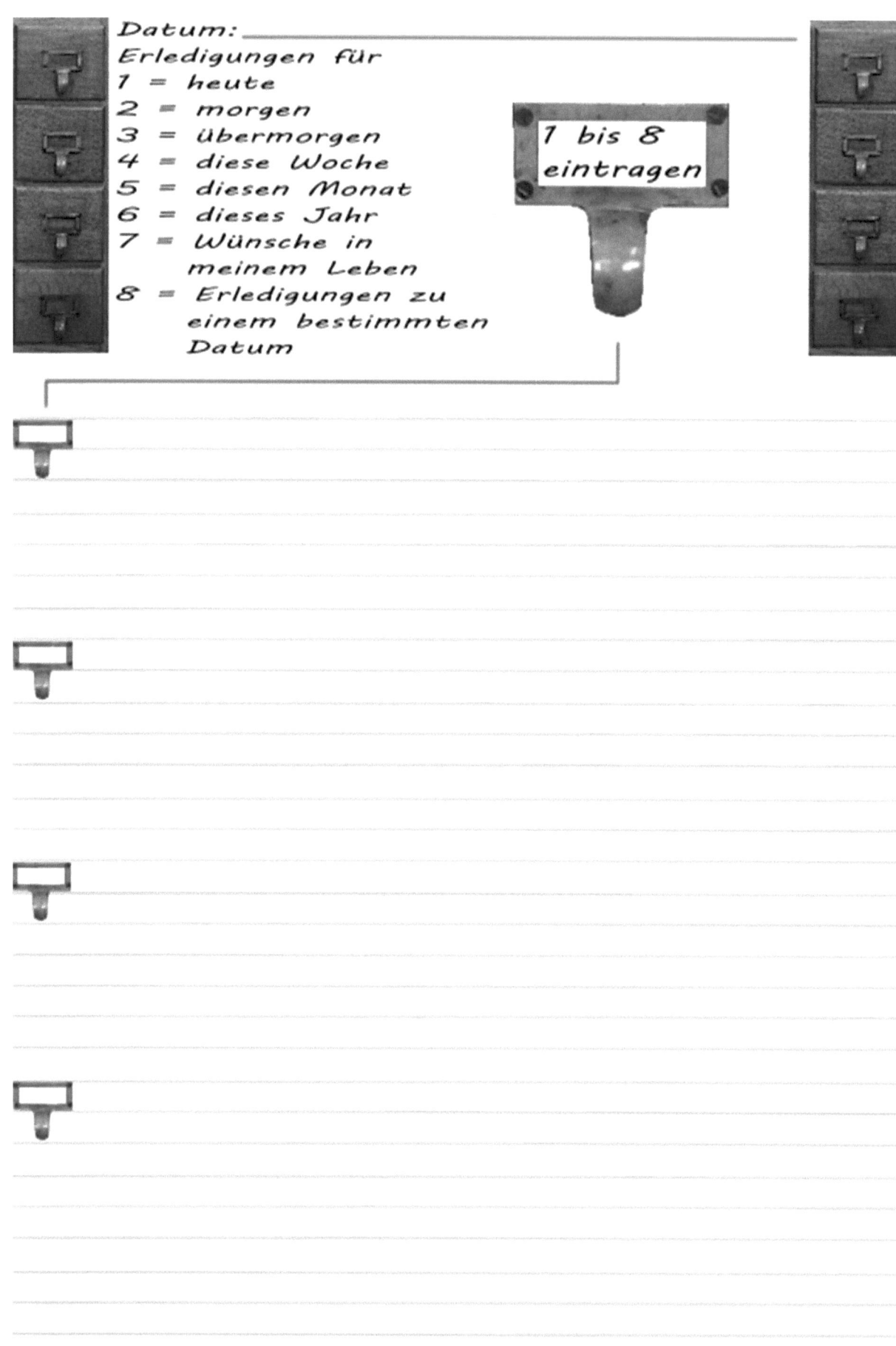

Datum: _____

Erledigungen für

1 = heute
2 = morgen
3 = übermorgen
4 = diese Woche
5 = diesen Monat
6 = dieses Jahr
7 = Wünsche in
    meinem Leben
8 = Erledigungen zu
    einem bestimmten
    Datum

1 bis 8
eintragen

Datum:_____

Erledigungen für
1 = heute
2 = morgen
3 = übermorgen
4 = diese Woche
5 = diesen Monat
6 = dieses Jahr
7 = Wünsche in
    meinem Leben
8 = Erledigungen zu
    einem bestimmten
    Datum

7 bis 8
eintragen

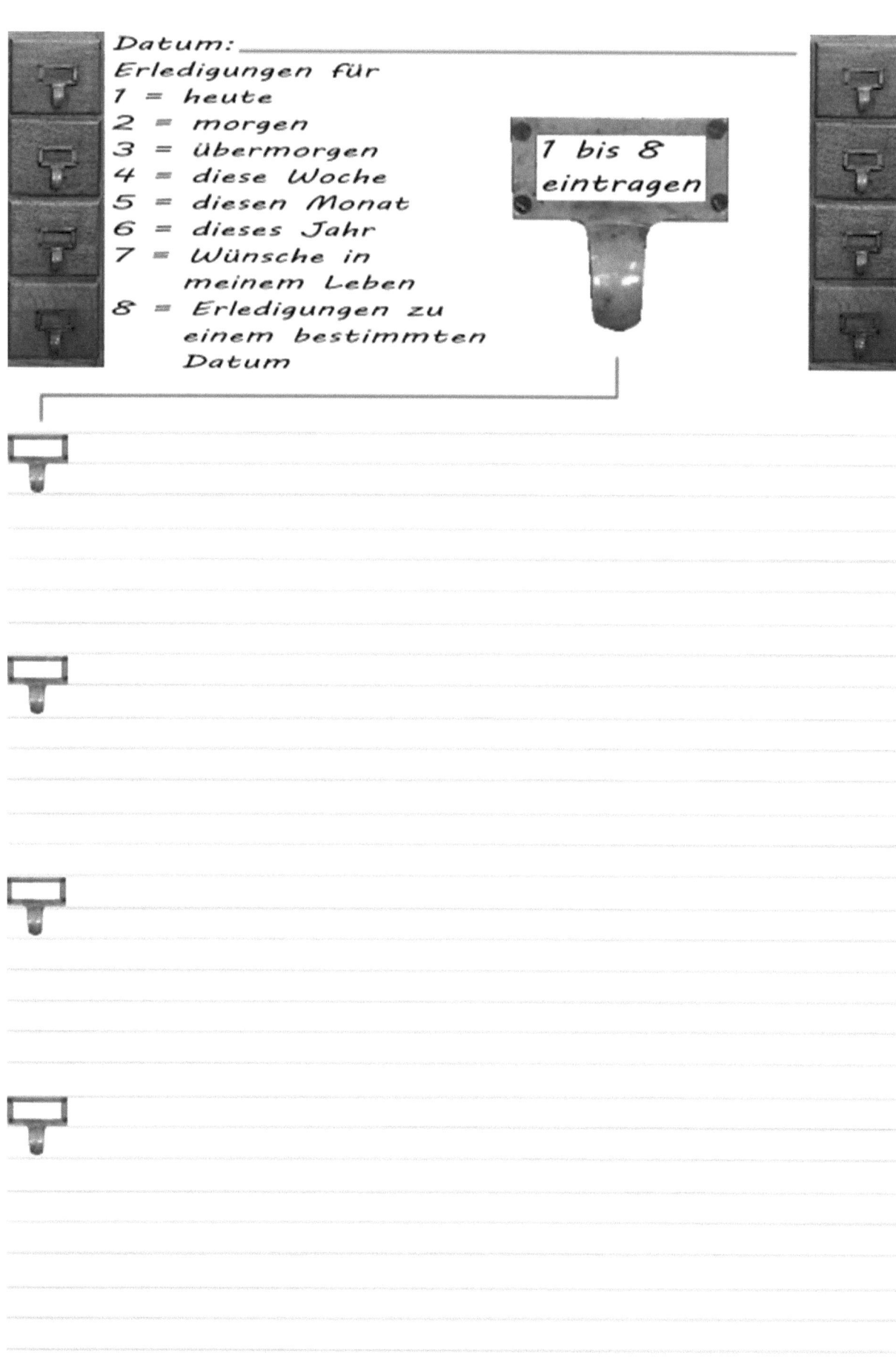

Datum:_____

Erledigungen für

1 = heute
2 = morgen
3 = übermorgen
4 = diese Woche
5 = diesen Monat
6 = dieses Jahr
7 = Wünsche in
    meinem Leben
8 = Erledigungen zu
    einem bestimmten
    Datum

1 bis 8
eintragen

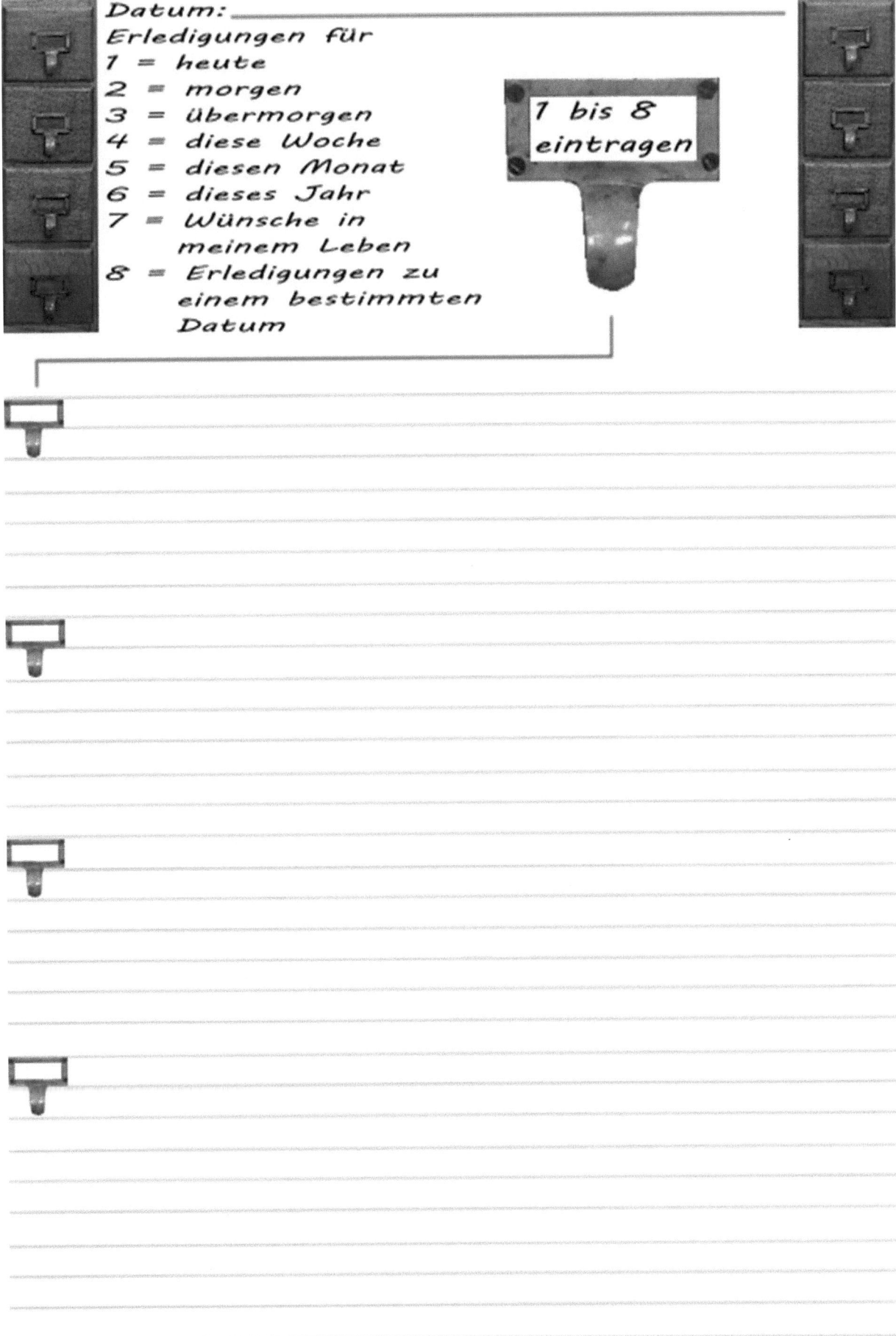

Datum: _____

Erledigungen für

1 = heute
2 = morgen
3 = übermorgen
4 = diese Woche
5 = diesen Monat
6 = dieses Jahr
7 = Wünsche in
    meinem Leben
8 = Erledigungen zu
    einem bestimmten
    Datum

7 bis 8
eintragen

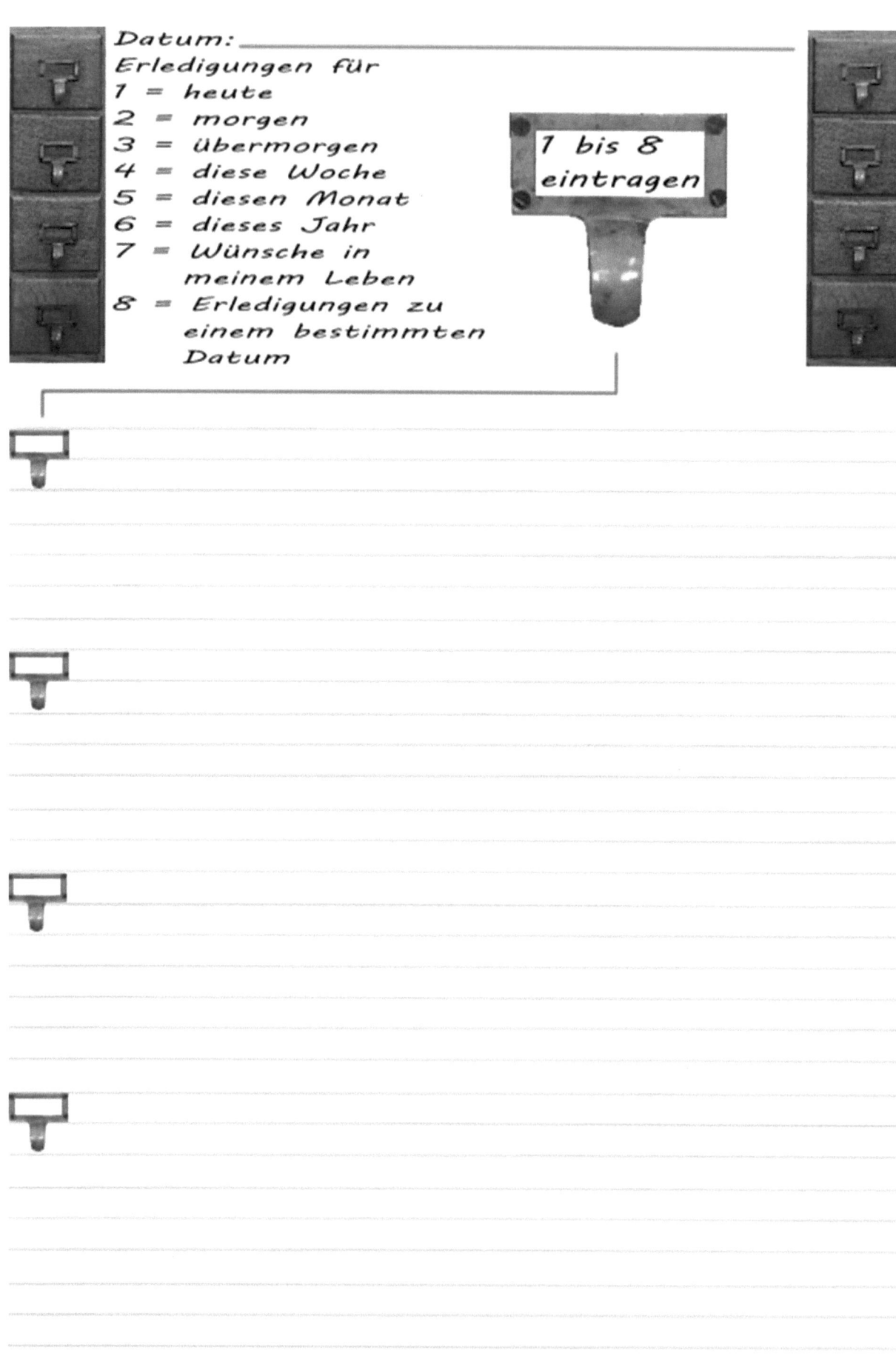

Datum: _____

Erledigungen für

1 = heute
2 = morgen
3 = übermorgen
4 = diese Woche
5 = diesen Monat
6 = dieses Jahr
7 = Wünsche in
    meinem Leben
8 = Erledigungen zu
    einem bestimmten
    Datum

1 bis 8
eintragen

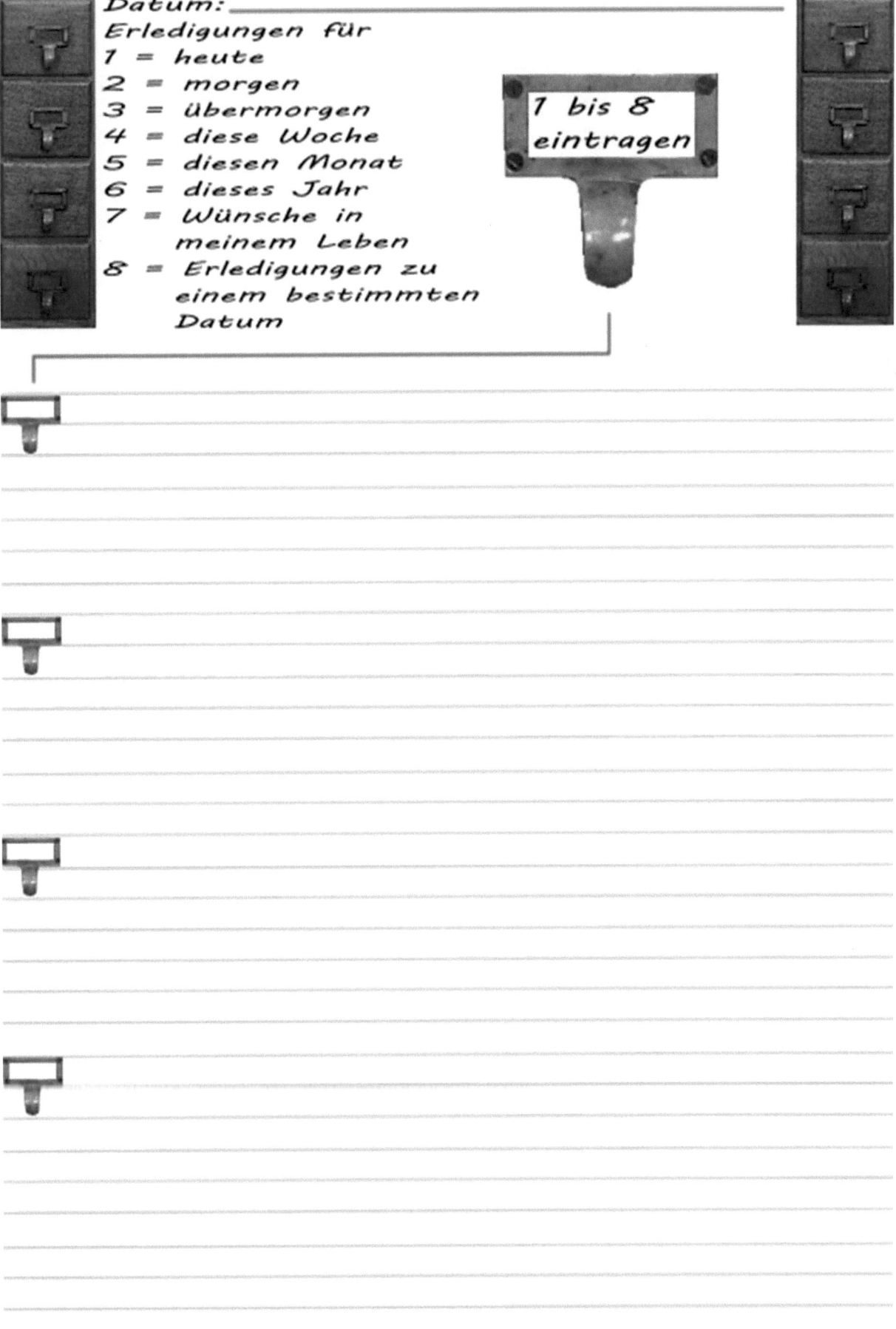

Datum: _____

Erledigungen für
1 = heute
2 = morgen
3 = übermorgen
4 = diese Woche
5 = diesen Monat
6 = dieses Jahr
7 = Wünsche in
    meinem Leben
8 = Erledigungen zu
    einem bestimmten
    Datum

7 bis 8
eintragen

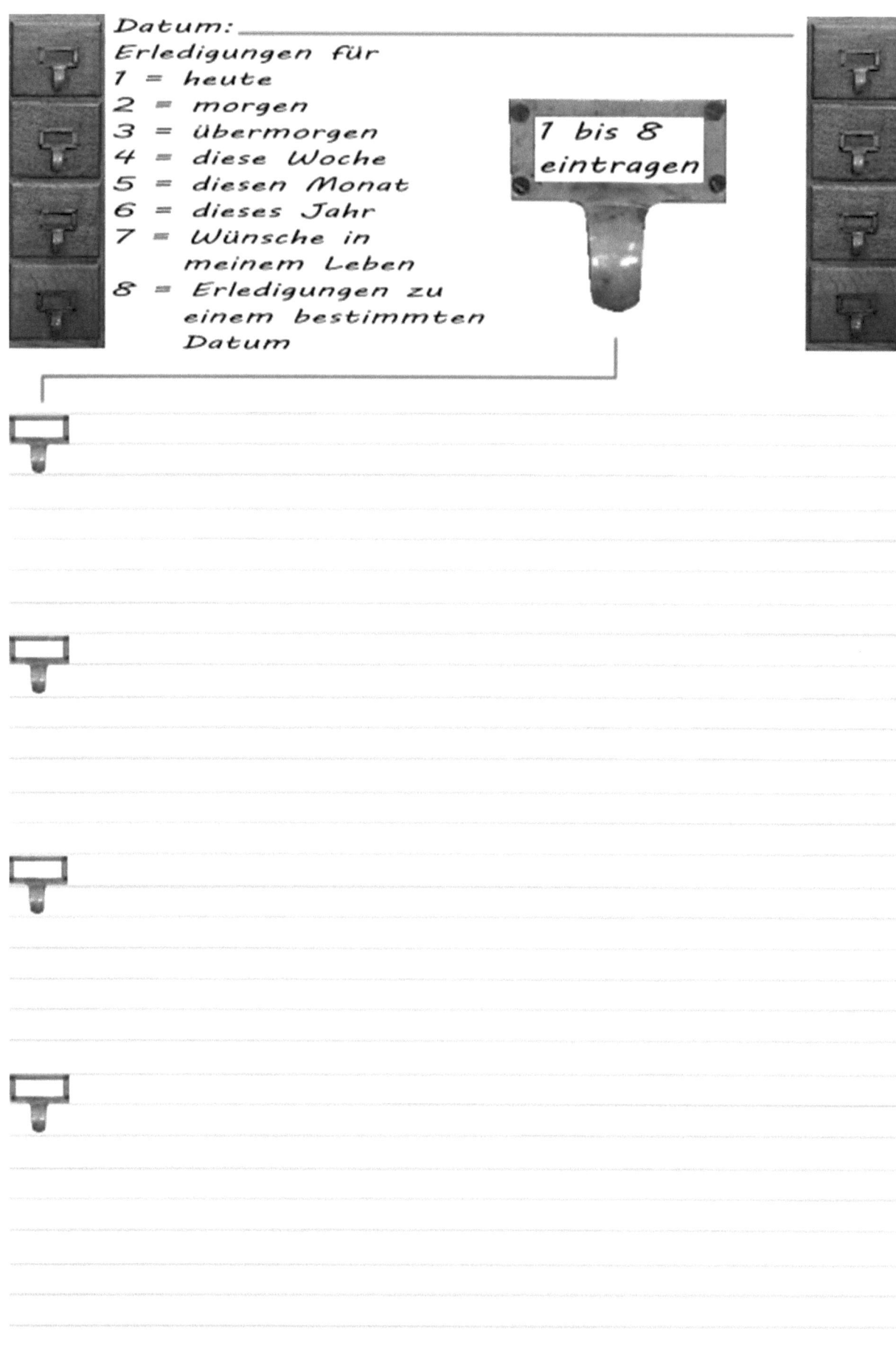

Datum:_____

Erledigungen für

1 = heute
2 = morgen
3 = übermorgen
4 = diese Woche
5 = diesen Monat
6 = dieses Jahr
7 = Wünsche in
    meinem Leben
8 = Erledigungen zu
    einem bestimmten
    Datum

1 bis 8
eintragen

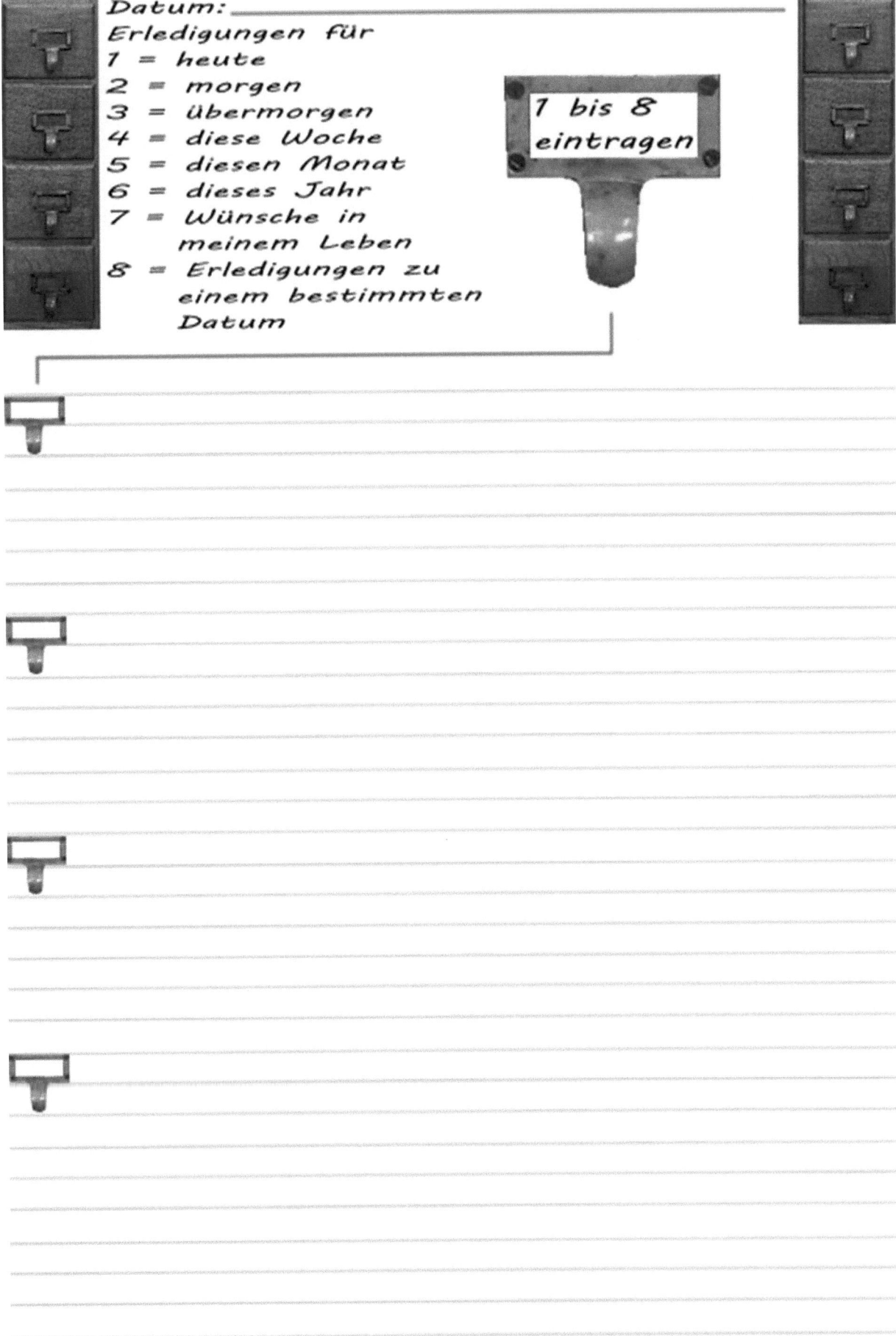

Datum: _____

Erledigungen für

1 = heute
2 = morgen
3 = übermorgen
4 = diese Woche
5 = diesen Monat
6 = dieses Jahr
7 = Wünsche in
    meinem Leben
8 = Erledigungen zu
    einem bestimmten
    Datum

7 bis 8
eintragen

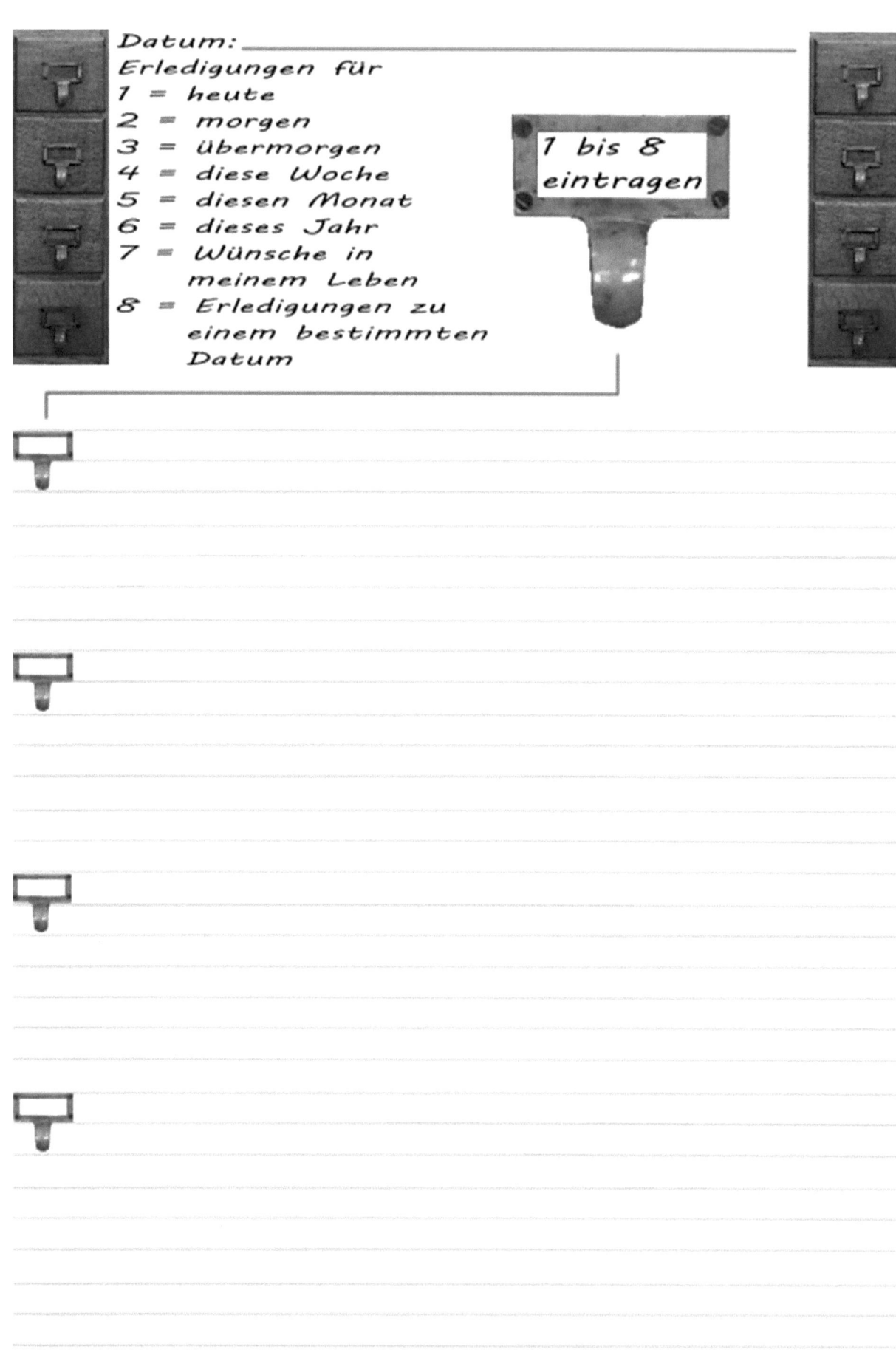

Datum: _____

Erledigungen für

1 = heute
2 = morgen
3 = übermorgen
4 = diese Woche
5 = diesen Monat
6 = dieses Jahr
7 = Wünsche in
    meinem Leben
8 = Erledigungen zu
    einem bestimmten
    Datum

1 bis 8
eintragen

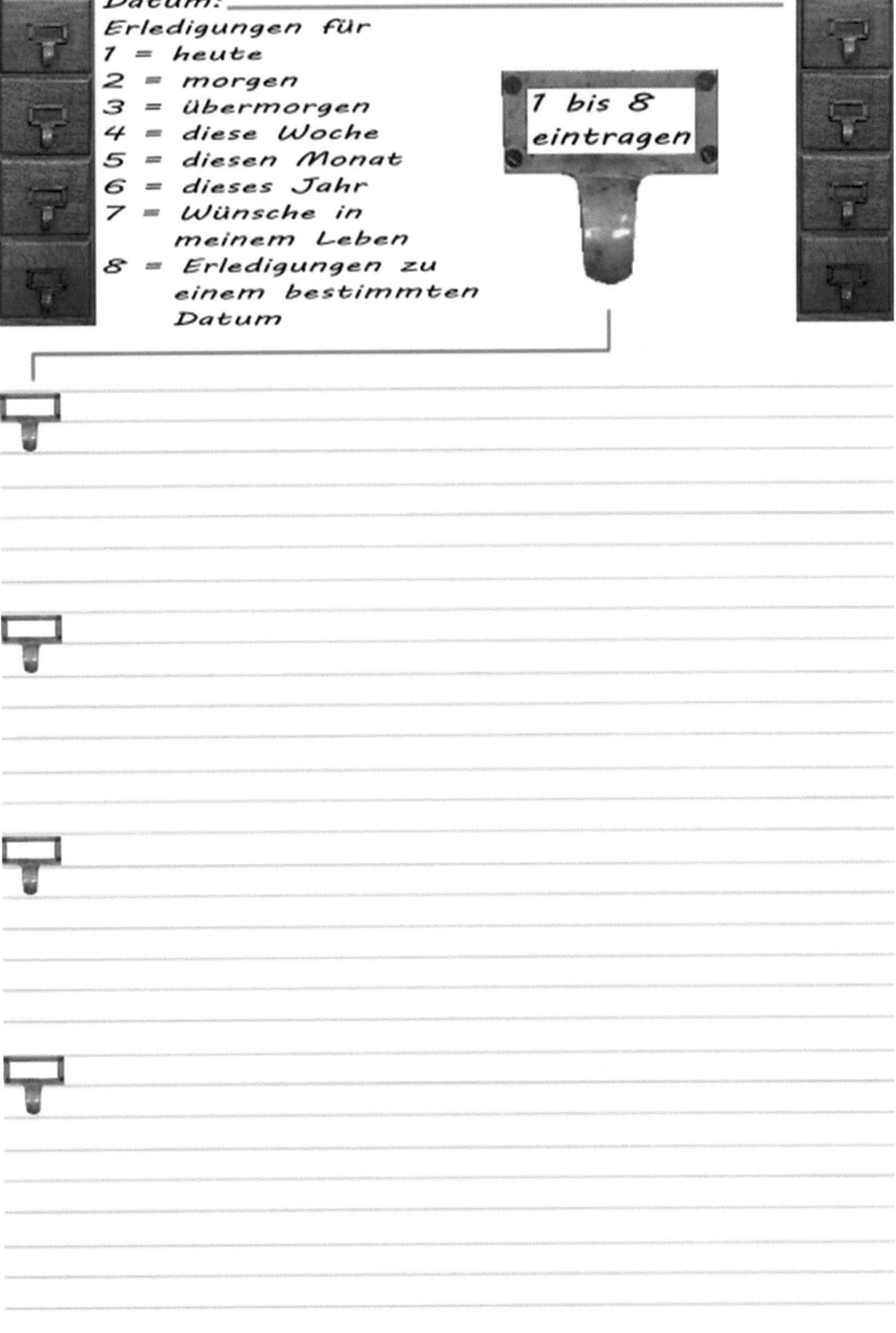

Datum: _____

Erledigungen für

1 = heute
2 = morgen
3 = übermorgen
4 = diese Woche
5 = diesen Monat
6 = dieses Jahr
7 = Wünsche in
    meinem Leben
8 = Erledigungen zu
    einem bestimmten
    Datum

7 bis 8
eintragen

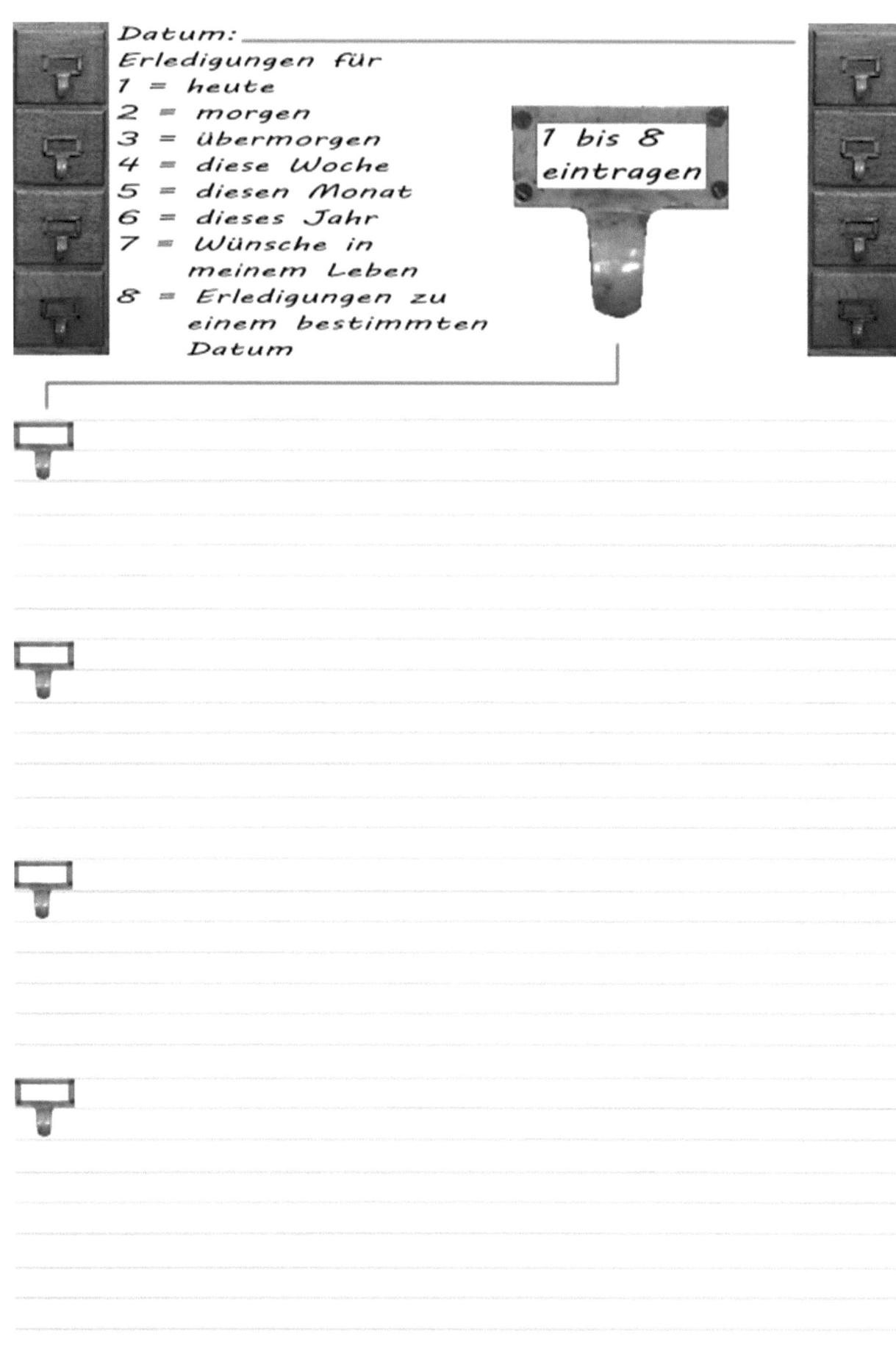

Datum:_____

Erledigungen für

1 = heute
2 = morgen
3 = übermorgen
4 = diese Woche
5 = diesen Monat
6 = dieses Jahr
7 = Wünsche in
    meinem Leben
8 = Erledigungen zu
    einem bestimmten
    Datum

1 bis 8
eintragen

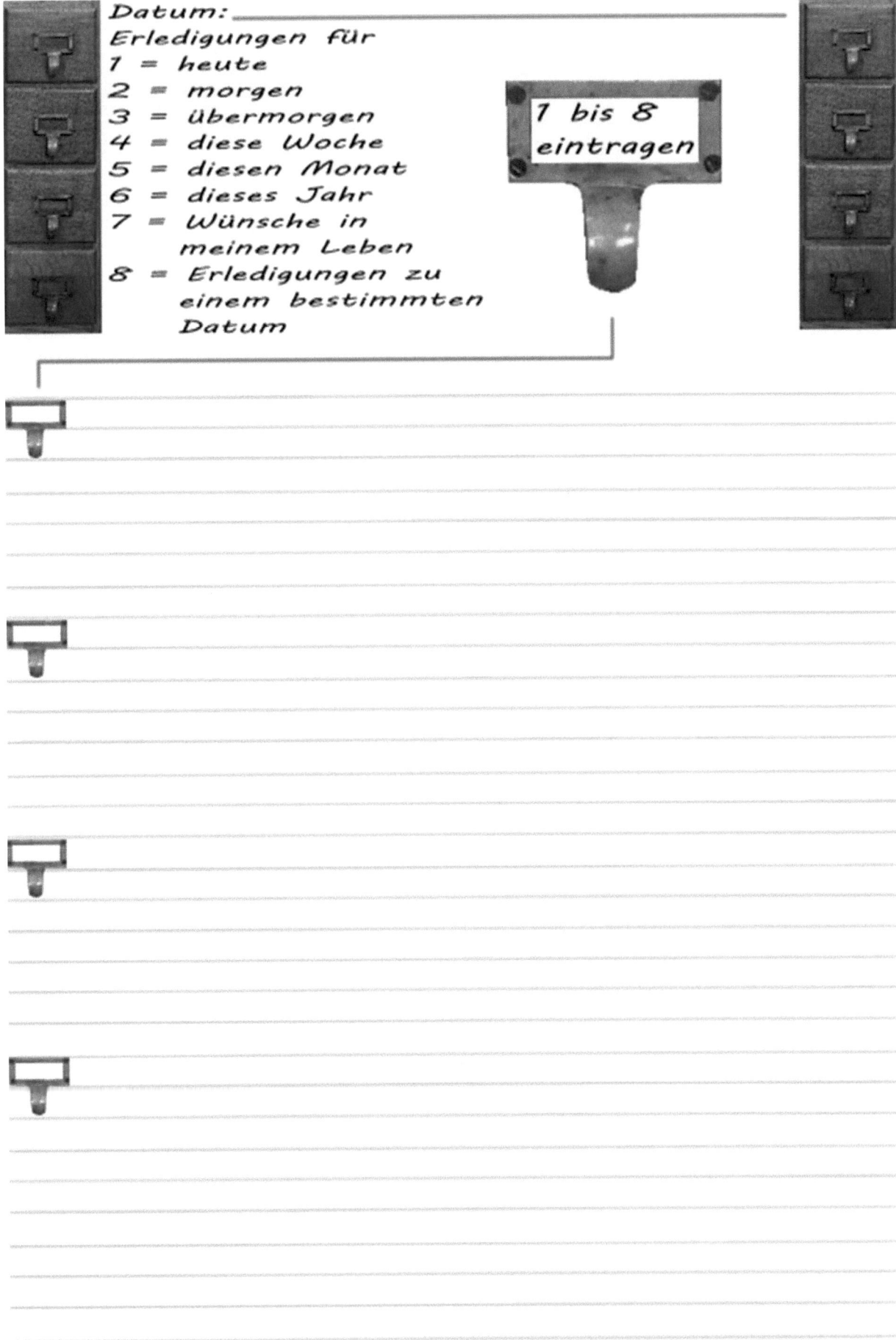

Datum:_____

Erledigungen für

1 = heute
2 = morgen
3 = übermorgen
4 = diese Woche
5 = diesen Monat
6 = dieses Jahr
7 = Wünsche in
    meinem Leben
8 = Erledigungen zu
    einem bestimmten
    Datum

1 bis 8
eintragen

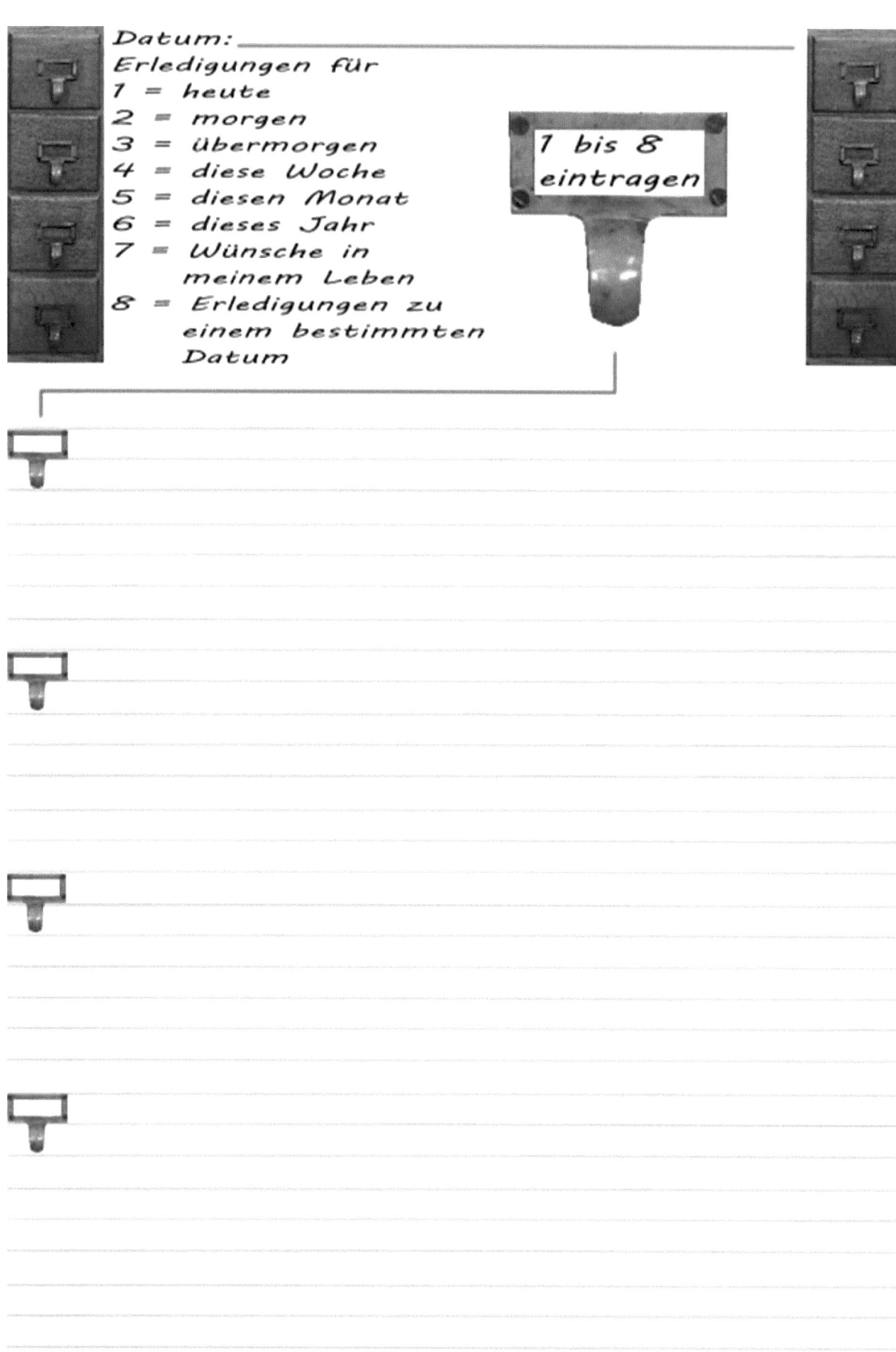

Datum: _____

Erledigungen für

1 = heute
2 = morgen
3 = übermorgen
4 = diese Woche
5 = diesen Monat
6 = dieses Jahr
7 = Wünsche in
    meinem Leben
8 = Erledigungen zu
    einem bestimmten
    Datum

1 bis 8
eintragen

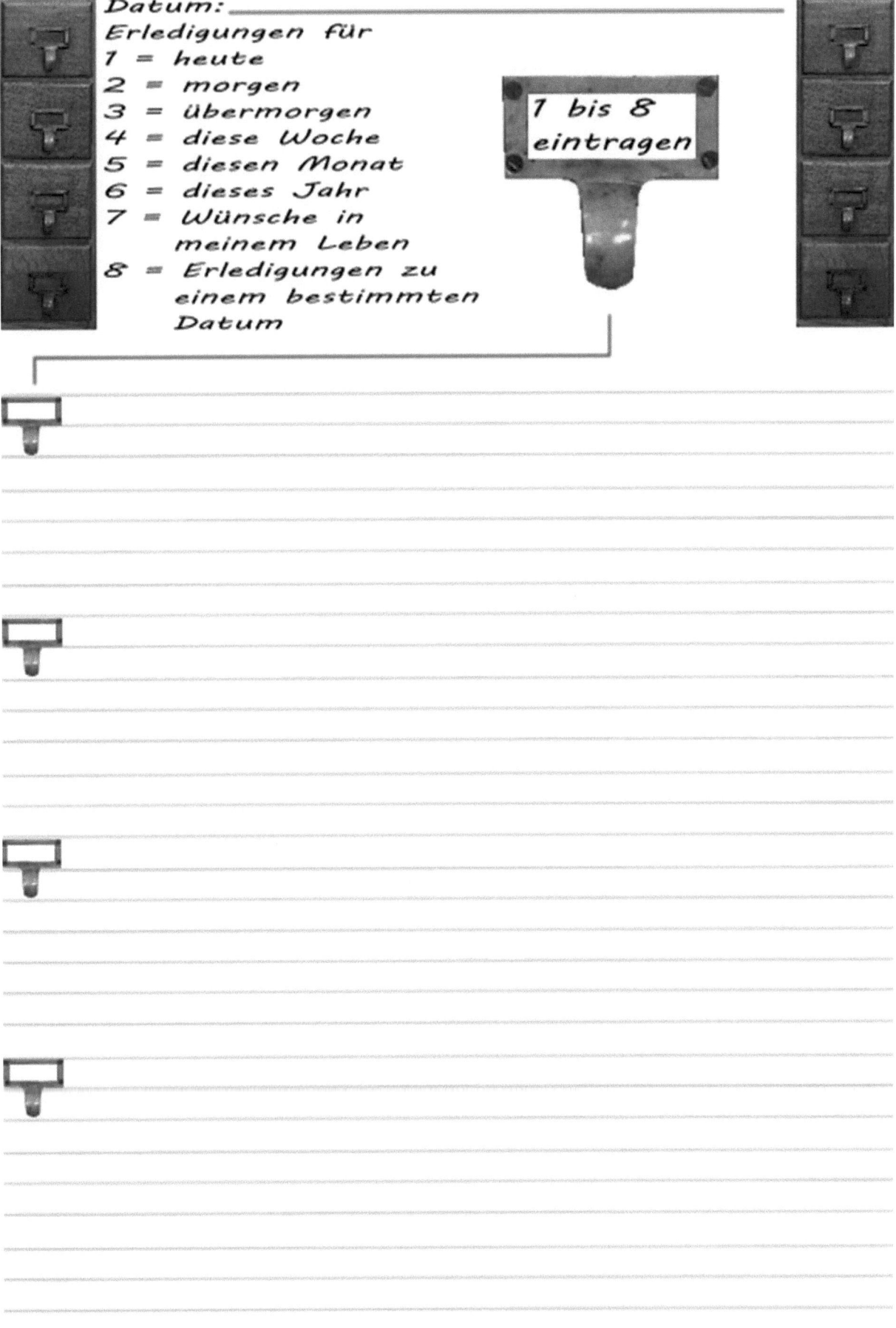

Datum: _____

Erledigungen für
1 = heute
2 = morgen
3 = übermorgen
4 = diese Woche
5 = diesen Monat
6 = dieses Jahr
7 = Wünsche in
    meinem Leben
8 = Erledigungen zu
    einem bestimmten
    Datum

1 bis 8
eintragen

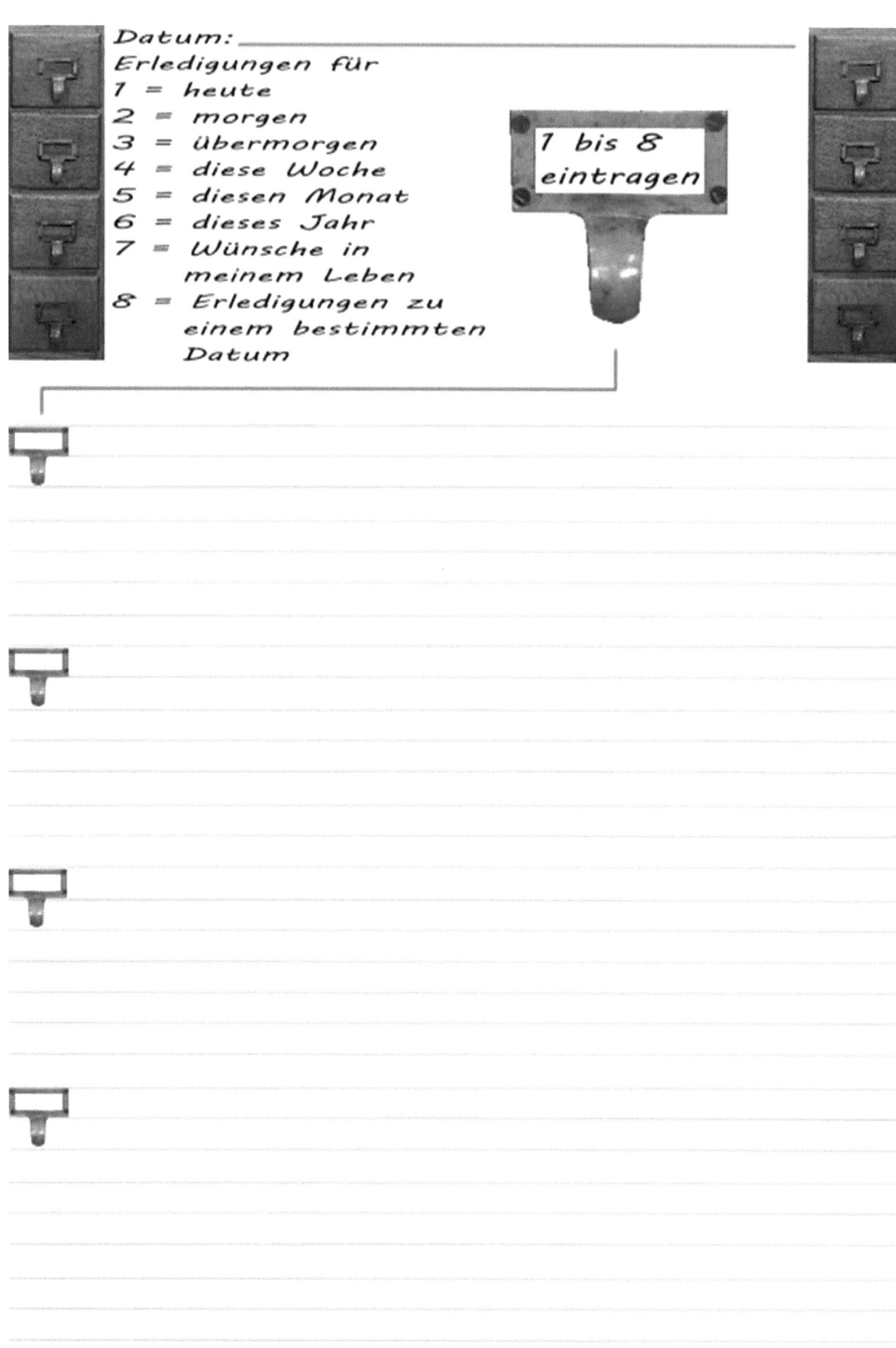

Datum:_____

Erledigungen für

1 = heute
2 = morgen
3 = übermorgen
4 = diese Woche
5 = diesen Monat
6 = dieses Jahr
7 = Wünsche in
    meinem Leben
8 = Erledigungen zu
    einem bestimmten
    Datum

1 bis 8
eintragen

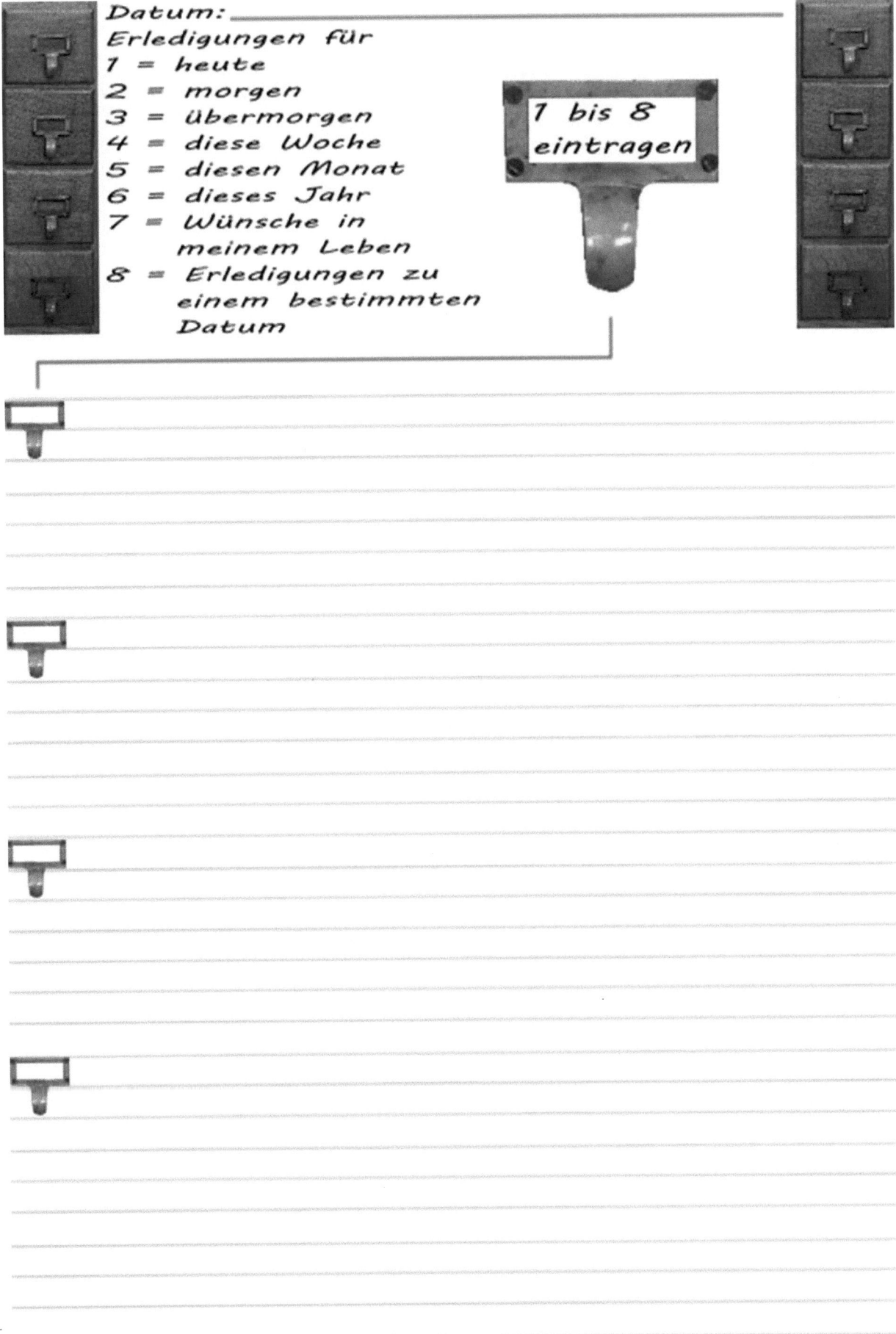

Datum: _____

Erledigungen für
1 = heute
2 = morgen
3 = übermorgen
4 = diese Woche
5 = diesen Monat
6 = dieses Jahr
7 = Wünsche in
    meinem Leben
8 = Erledigungen zu
    einem bestimmten
    Datum

1 bis 8
eintragen

Datum: _____

Erledigungen für
1 = heute
2 = morgen
3 = übermorgen
4 = diese Woche
5 = diesen Monat
6 = dieses Jahr
7 = Wünsche in
    meinem Leben
8 = Erledigungen zu
    einem bestimmten
    Datum

1 bis 8
eintragen

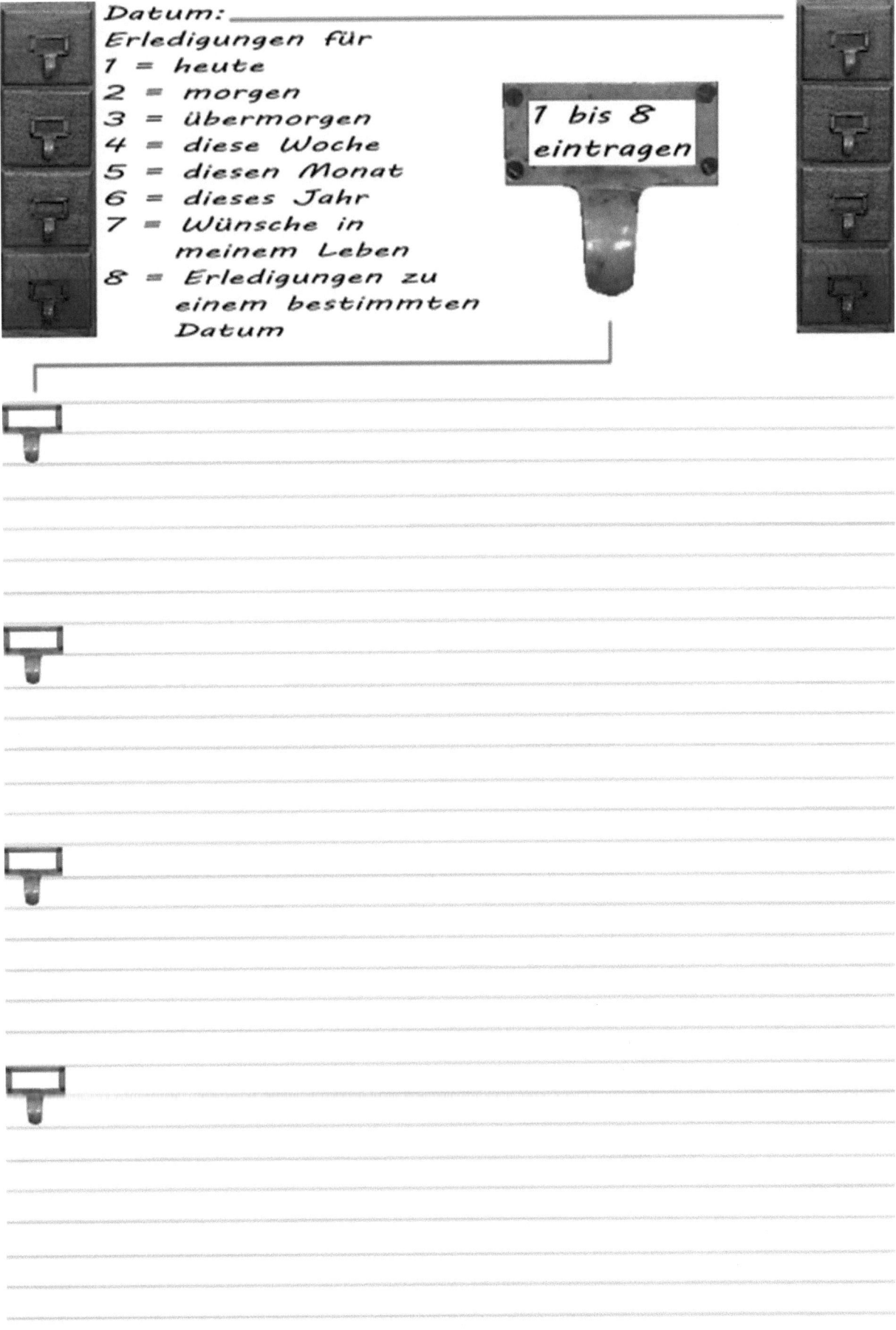

Datum: _____

Erledigungen für

1 = heute
2 = morgen
3 = übermorgen
4 = diese Woche
5 = diesen Monat
6 = dieses Jahr
7 = Wünsche in
    meinem Leben
8 = Erledigungen zu
    einem bestimmten
    Datum

7 bis 8
eintragen

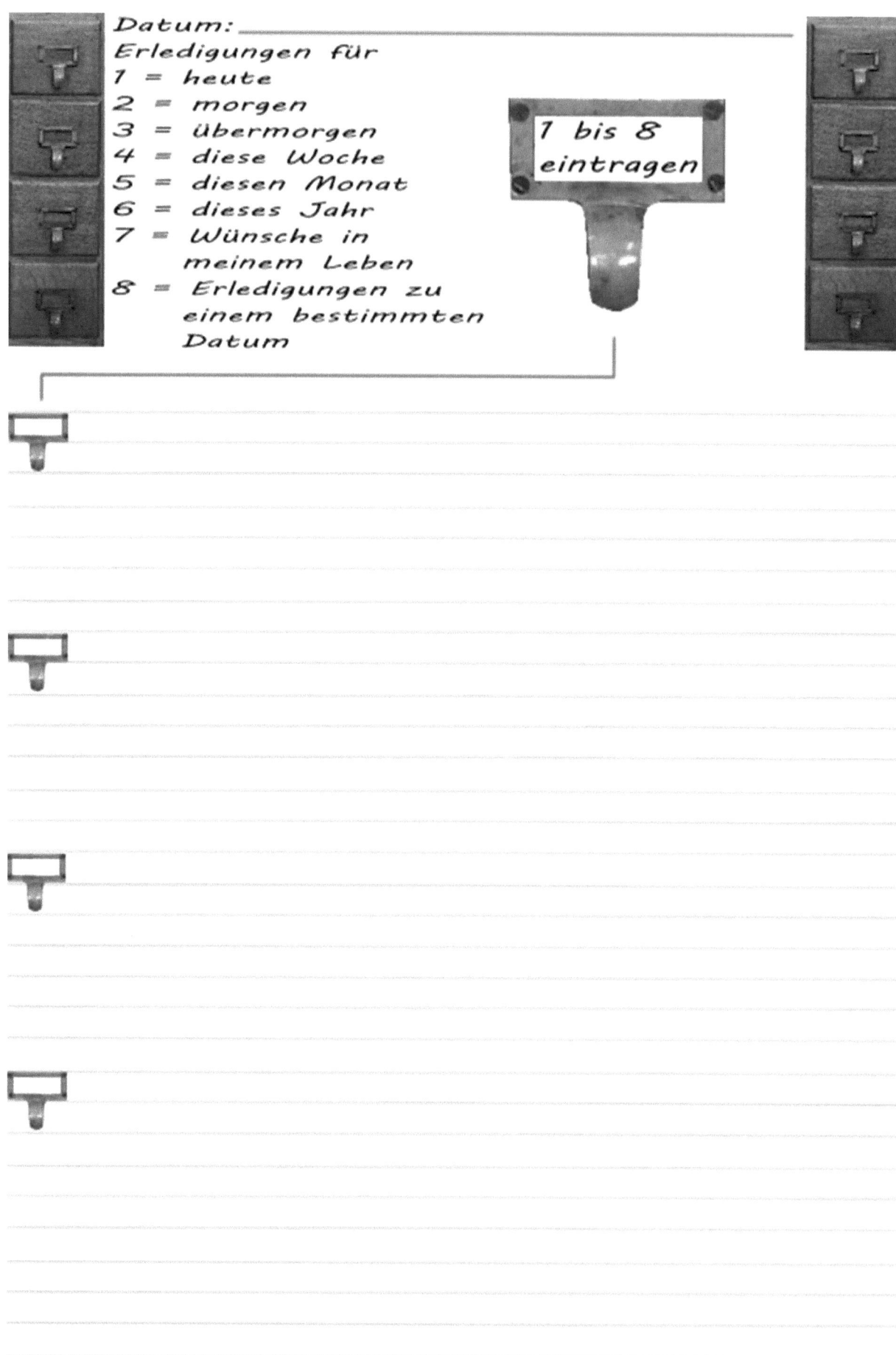

Datum:_____

Erledigungen für

1 = heute
2 = morgen
3 = übermorgen
4 = diese Woche
5 = diesen Monat
6 = dieses Jahr
7 = Wünsche in
    meinem Leben
8 = Erledigungen zu
    einem bestimmten
    Datum

7 bis 8
eintragen

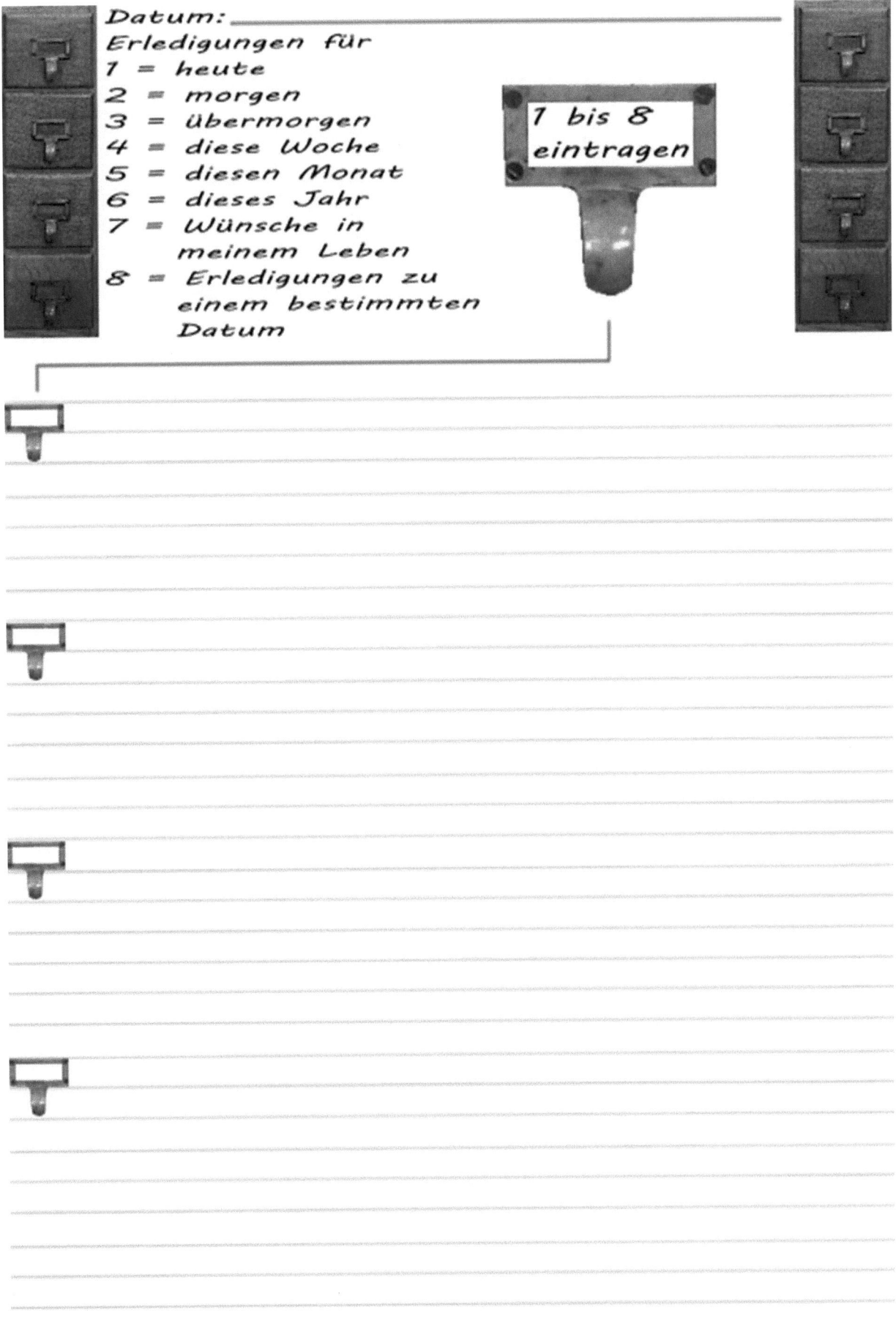

Datum: _____

Erledigungen für

1 = heute
2 = morgen
3 = übermorgen
4 = diese Woche
5 = diesen Monat
6 = dieses Jahr
7 = Wünsche in
    meinem Leben
8 = Erledigungen zu
    einem bestimmten
    Datum

7 bis 8
eintragen

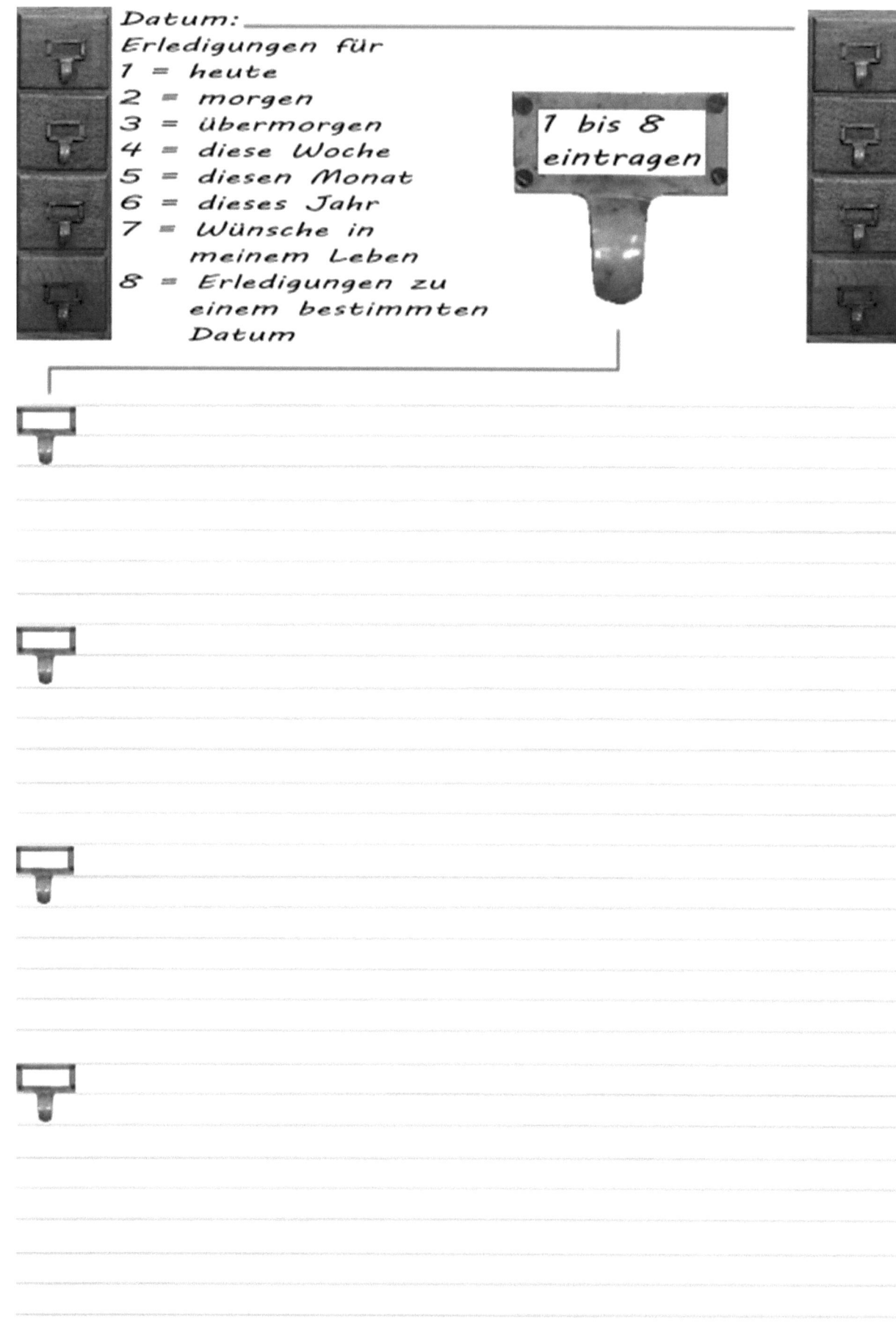

Datum: _____

Erledigungen für
1 = heute
2 = morgen
3 = übermorgen
4 = diese Woche
5 = diesen Monat
6 = dieses Jahr
7 = Wünsche in
    meinem Leben
8 = Erledigungen zu
    einem bestimmten
    Datum

1 bis 8
eintragen

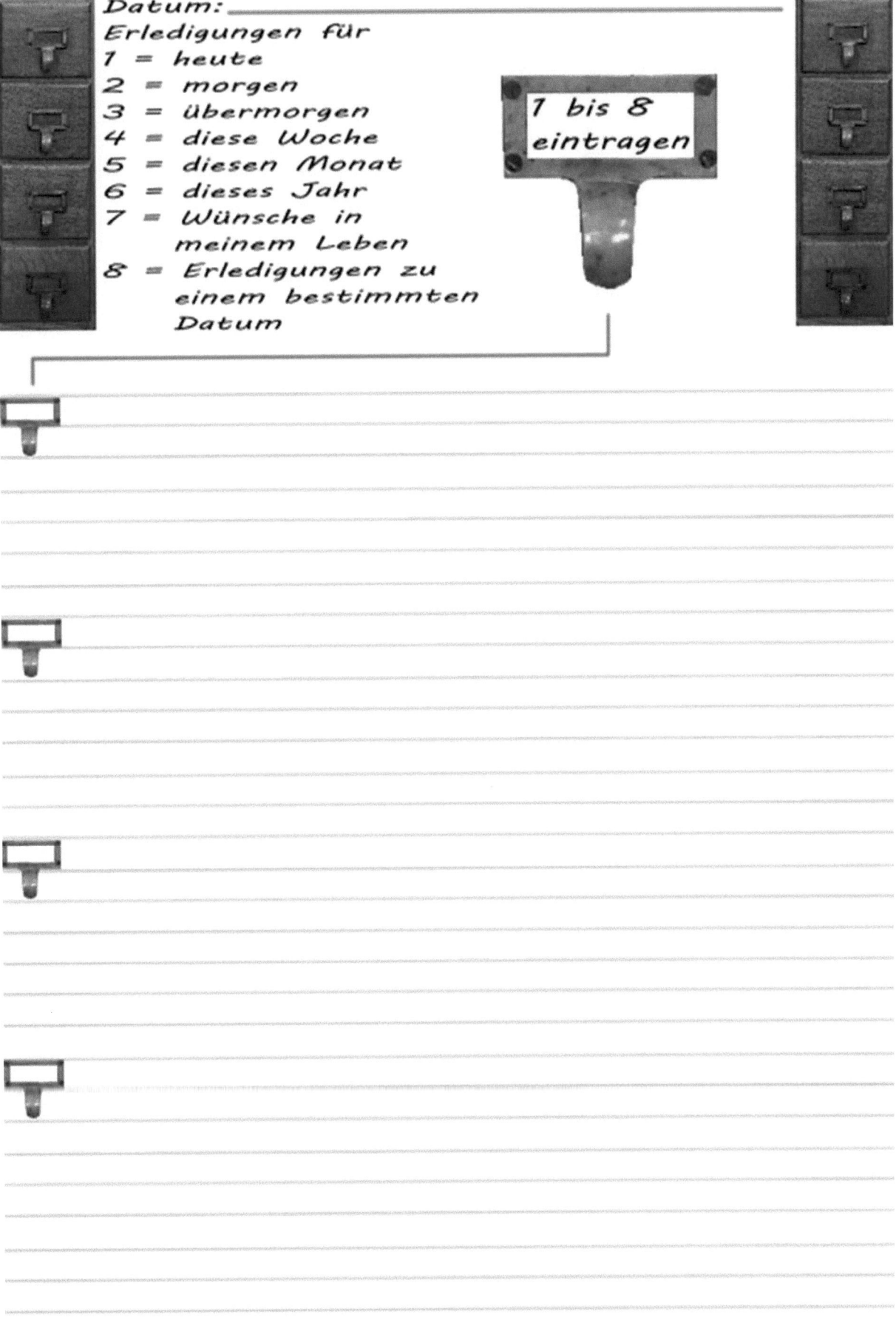

Datum:_____

Erledigungen für

1 = heute
2 = morgen
3 = übermorgen
4 = diese Woche
5 = diesen Monat
6 = dieses Jahr
7 = Wünsche in
    meinem Leben
8 = Erledigungen zu
    einem bestimmten
    Datum

7 bis 8
eintragen

Datum:_____

Erledigungen für
1 = heute
2 = morgen
3 = übermorgen
4 = diese Woche
5 = diesen Monat
6 = dieses Jahr
7 = Wünsche in
   meinem Leben
8 = Erledigungen zu
   einem bestimmten
   Datum

1 bis 8
eintragen

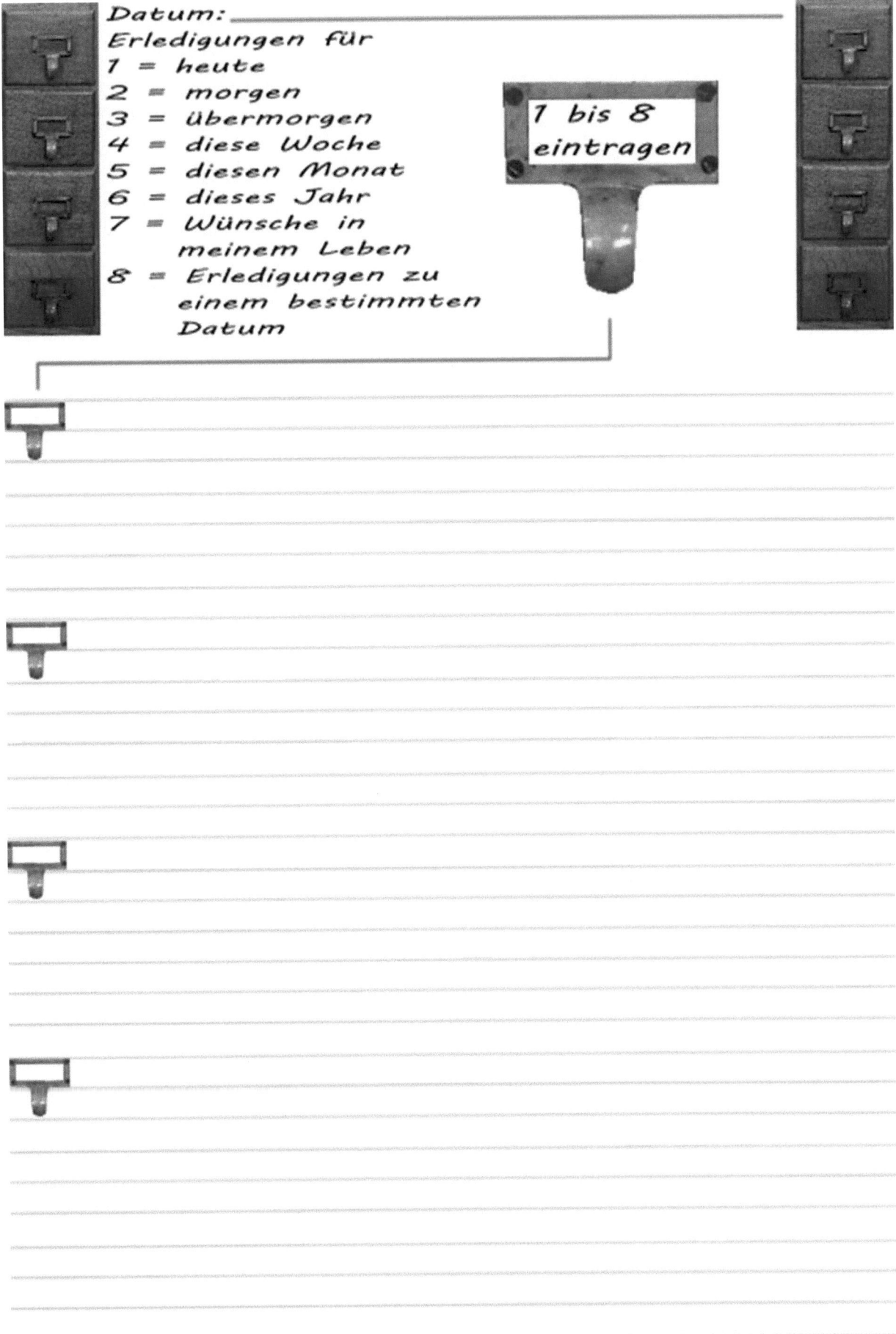

Datum: _____

Erledigungen für

1 = heute
2 = morgen
3 = übermorgen
4 = diese Woche
5 = diesen Monat
6 = dieses Jahr
7 = Wünsche in
    meinem Leben
8 = Erledigungen zu
    einem bestimmten
    Datum

7 bis 8
eintragen

Datum:＿＿＿＿＿＿＿＿＿＿＿＿＿＿＿＿

Erledigungen für

1 = heute
2 = morgen
3 = übermorgen
4 = diese Woche
5 = diesen Monat
6 = dieses Jahr
7 = Wünsche in
    meinem Leben
8 = Erledigungen zu
    einem bestimmten
    Datum

1 bis 8
eintragen

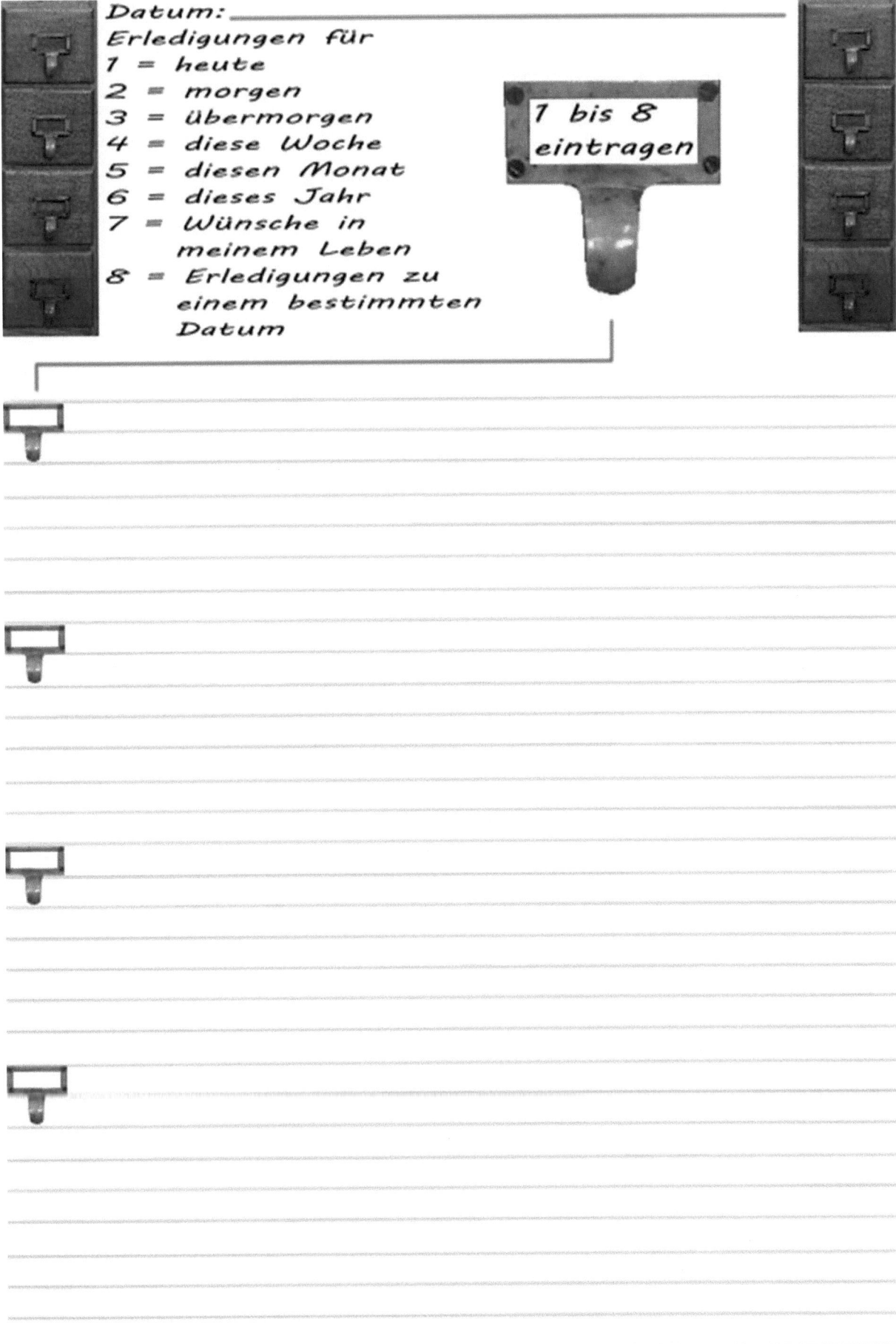

Datum: _____

Erledigungen für

1 = heute
2 = morgen
3 = übermorgen
4 = diese Woche
5 = diesen Monat
6 = dieses Jahr
7 = Wünsche in
    meinem Leben
8 = Erledigungen zu
    einem bestimmten
    Datum

1 bis 8
eintragen

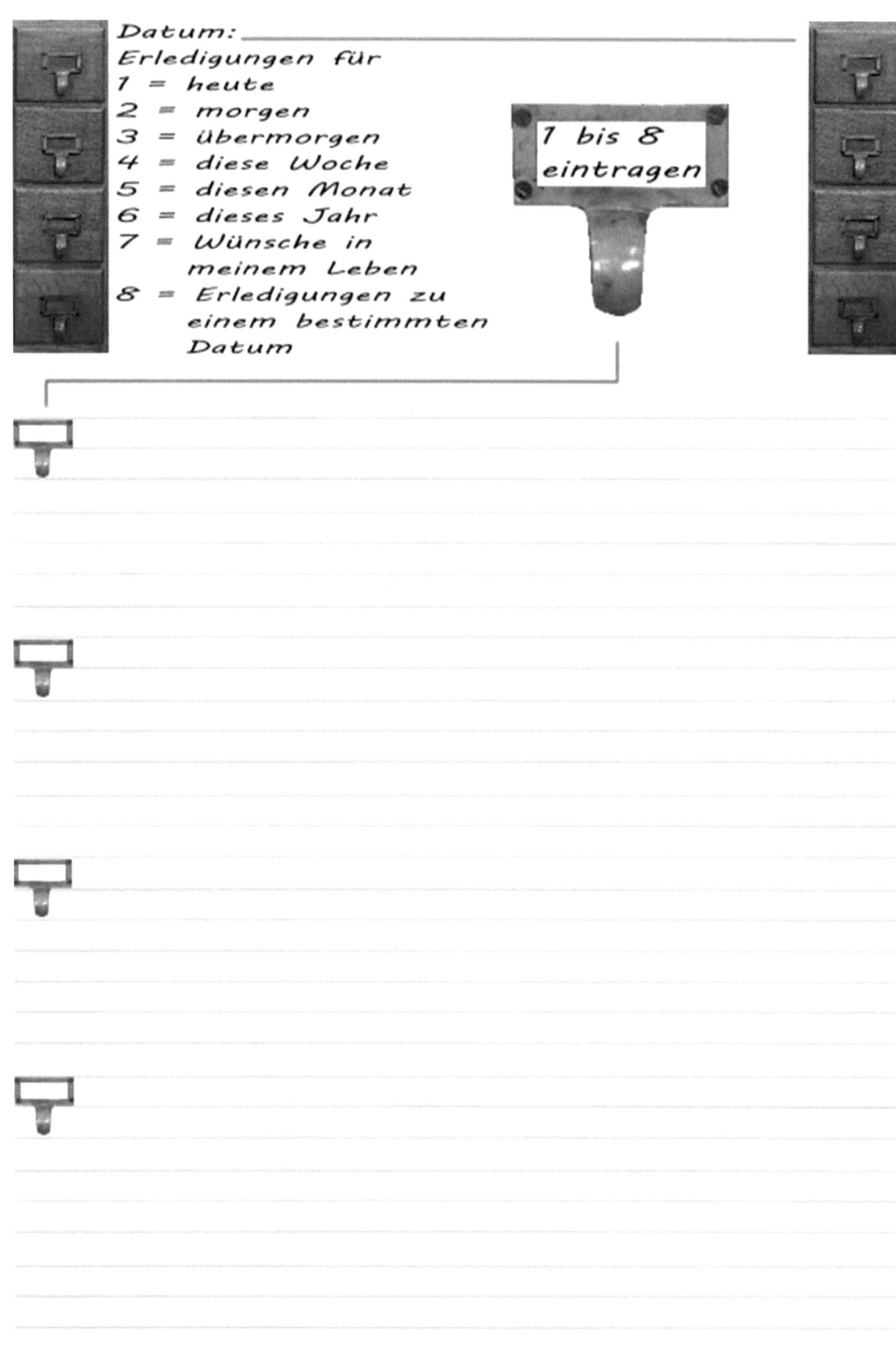

Datum:_____

Erledigungen für
1 = heute
2 = morgen
3 = übermorgen
4 = diese Woche
5 = diesen Monat
6 = dieses Jahr
7 = Wünsche in
    meinem Leben
8 = Erledigungen zu
    einem bestimmten
    Datum

7 bis 8
eintragen

Datum:_____

Erledigungen für

1 = heute
2 = morgen
3 = übermorgen
4 = diese Woche
5 = diesen Monat
6 = dieses Jahr
7 = Wünsche in
    meinem Leben
8 = Erledigungen zu
    einem bestimmten
    Datum

7 bis 8
eintragen

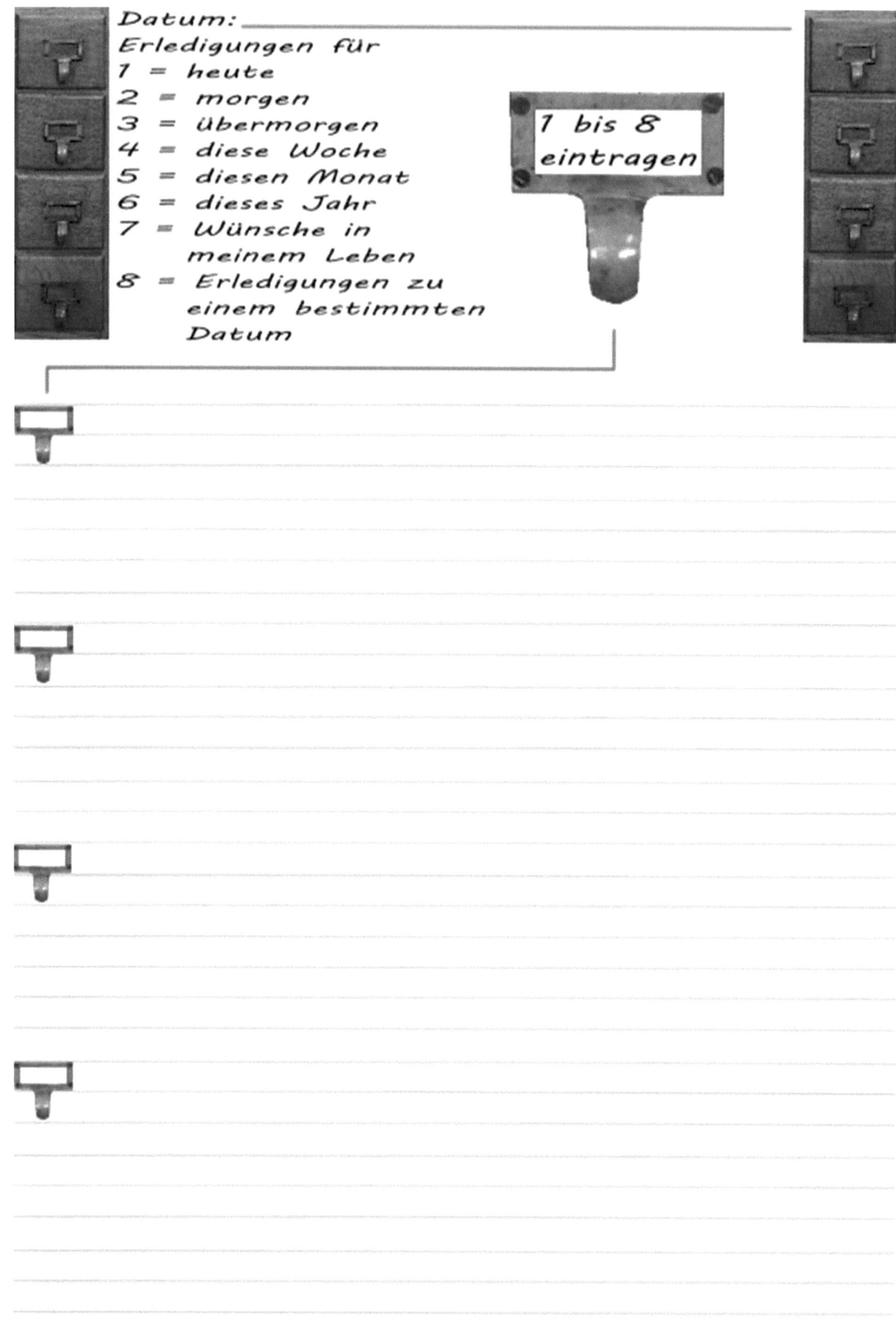

Datum:＿＿＿＿＿＿＿＿＿＿＿＿＿＿＿＿＿

Erledigungen für

1 = heute
2 = morgen
3 = übermorgen
4 = diese Woche
5 = diesen Monat
6 = dieses Jahr
7 = Wünsche in
    meinem Leben
8 = Erledigungen zu
    einem bestimmten
    Datum

1 bis 8
eintragen

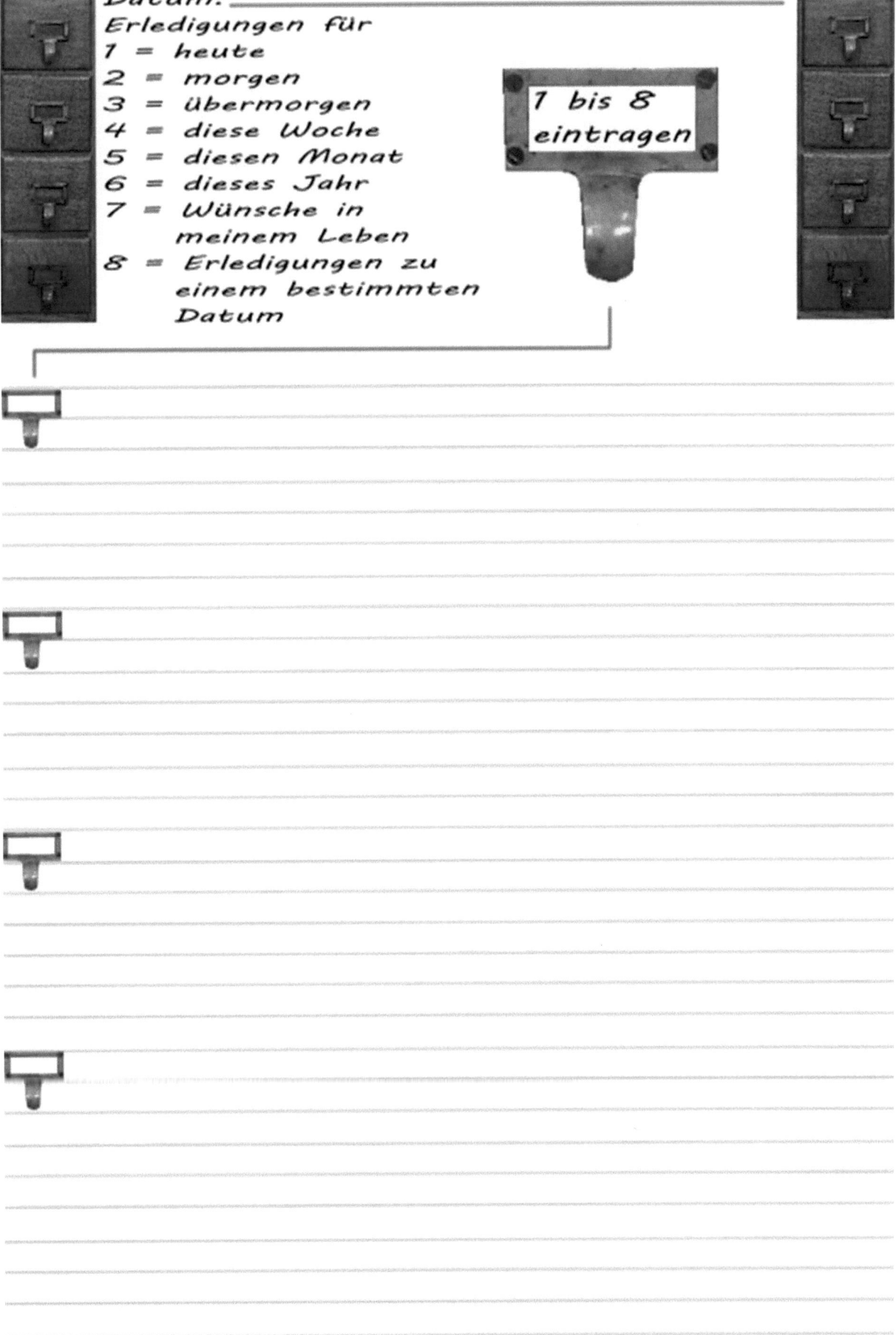

Datum:_____

Erledigungen für

1 = heute
2 = morgen
3 = übermorgen
4 = diese Woche
5 = diesen Monat
6 = dieses Jahr
7 = Wünsche in
    meinem Leben
8 = Erledigungen zu
    einem bestimmten
    Datum

7 bis 8
eintragen

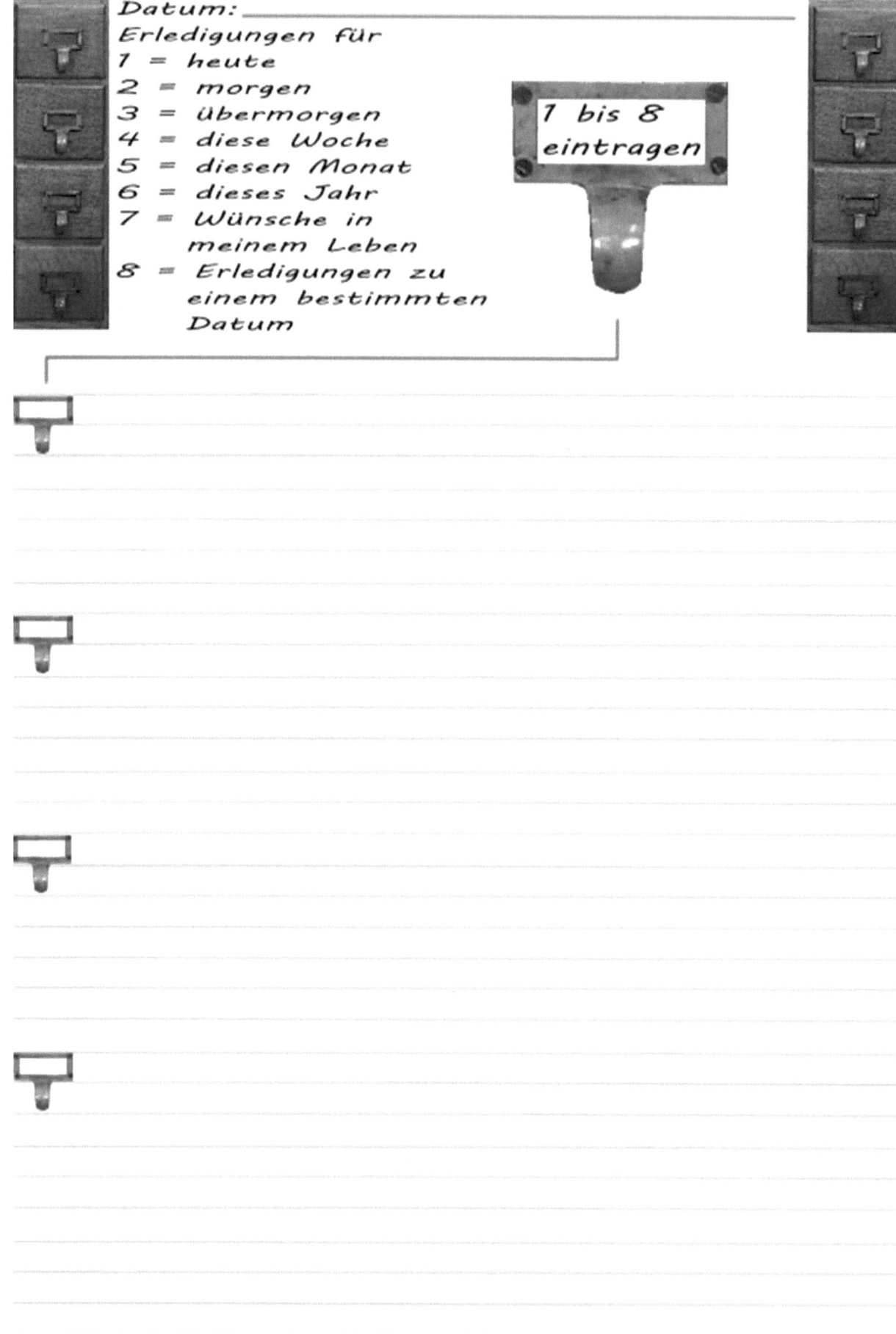

Datum:_____

Erledigungen für

1 = heute
2 = morgen
3 = übermorgen
4 = diese Woche
5 = diesen Monat
6 = dieses Jahr
7 = Wünsche in
    meinem Leben
8 = Erledigungen zu
    einem bestimmten
    Datum

1 bis 8
eintragen